EUGENIA PRICE

Laß dich los

Von der Selbstanalyse zur Geborgenheit

Oncken Verlag Wuppertal und Kassel

Bücher, die dieses Zeichen tragen, wollen die Botschaft von Jesus Christus in unserer Zeit glaubhaft bezeugen.

Das ABCteam-Programm umfaßt:
— ABCteam-Taschenbücher
— ABCteam-Paperbacks mit den Sonderreihen:
  Glauben und Denken (G + D) und Werkbücher (W)
— ABCteam-Jugendbücher (J)
— ABCteam-Geschenkbände

ABCteam-Bücher erscheinen in folgenden Verlagen:
Aussaat Verlag Wuppertal/R. Brockhaus Verlag Wuppertal
Brunnen Verlag Gießen/Bundes-Verlag Witten
Christliches Verlagshaus Stuttgart/Oncken Verlag Wuppertal
Schriftenmissions-Verlag Gladbeck

ABCteam-Bücher kann jede Buchhandlung besorgen.

Die amerikanische Originalausgabe erschien unter dem Titel:
»Leave Yourself Alone«
bei Zondervan Publishing House Grand Rapids, Mich.

Deutsch von Friedhilde Horn

Umschlaggrafik: Ralf Rudolph, Ratingen
Gesamtherstellung: Druckhaus Grummersbach, Nusch - Arntz

ISBN 3-7893-2242-3

Mache die Erlösung zur Basis
deines ganzen Lebens, und dann
laß dich entschlossen los!

Oswald Chambers

Inhalt

1. Laß dich los — was heißt das? 7
2. Laß dich los — samt Vergangenheit und Zukunft! 15
3. Laß dich los — wenn du betest 25
4. Laß dich los — bei deiner Arbeit 31
5. Laß dich los — im Gespräch 35
6. Laß dich los — in Streitfragen 43
7. Laß dich los — in Krankheit und Kummer 49
8. Laß dich los — bei Veränderungen 55
9. Laß dich los — in deinen Urteilen 61
10. Laß dich los — um zu wachsen 69

1. Laß dich los — was heißt das?

Für den Fall, daß Sie das Zitat von Oswald Chambers am Anfang dieses Buches übersehen haben, möchte ich es hier noch einmal wiederholen:

> »Mache die Erlösung zur Basis deines ganzen Lebens, *und dann laß dich entschlossen los.*«

Das Schräggedruckte möchte ich in den Mittelpunkt dieses Buches stellen, und ich hoffe, daß es Ihnen über dem Lesen der nächsten Seiten auch so wichtig wird wie mir.

Der Entschluß

Vor etwa dreißig Jahren, kurz nachdem ich zu Jesus gefunden hatte, kamen mir die Worte Chambers' zum ersten Mal unter die Augen; und obwohl weder seine Tochter Kathleen noch ich die Quelle dieses Zitates entdecken können, wissen wir doch beide, daß es seine Worte sind, und mit jedem weiteren Jahr vertieft sich für mich ihre Bedeutung.

Es gibt nur eine Grundlage der Erlösung, und das ist Jesus Christus selbst, der auf die Erde kam, um für jeden Menschen erkennbar werden zu lassen, wer Gott der Vater eigentlich ist.

»Ich und der Vater sind eins«, sagte er.

Das ist eine eindeutige Aussage.

Auf der Grundlage seiner Erlösung traf ich an einem Sonntagnachmittag eine endgültige Entscheidung: Ich übergab die Herrschaft über mein Leben an Jesus Christus. Ich habe nie zu den Menschen gehört, die sich danach immerzu den Puls fühlen, um festzustellen, ob sie auch wahre Christen, wirklich »gerettet«, wahrhaftig »wiedergeboren« sind. Ich habe nicht einmal viel über meine Erlösung als »Ereignis« nachgedacht. Es war kein »Ereignis«. Es war die persönliche Begegnung mit Jesus, dem Sohn Gottes, und daraus ist eine täglich, ja stündlich erfahrbare Freundschaft mit ihm geworden. *So ist Er meine Erlösung.*

Ich hänge also nicht von einem Vorgang ab — der Erlösung —, sondern von einer Person — von ihm. Und da er es in klaren Worten sagte, daß er immer bei uns ist, auch dann, wenn wir zu sehr mit anderem beschäftigt sind und uns von ihm abwenden, daß er uns also niemals, unter gar keinen Umständen, verläßt, haben wir soliden Boden unter den Füßen.

Auf dieser Grundlage machte ich damals mit Jesus Christus einen Übergabevertrag. Und an diesem Punkt ließ ich mich los.

Der Sog nach unten

Doch der erste Glanz des Bekehrungserlebnisses verlischt mit der Zeit, das Beten wird allmählich zu einer Verlegenheit oder zu einem mehr zufälligen Tun, und langsam schlägt unser Interesse wieder die uralte Richtung ein: Wir tändeln mit uns selbst, wir analysieren uns, wir zerpflücken unsere Motive und die anderer Menschen, wir quälen und ärgern und sorgen uns und können nachts nicht schlafen, weil wir uns vor diesem und jenem fürchten.

Wir haben uns wieder.

Jahrelang habe ich über die Notwendigkeit, sich selbst zu sterben, gesprochen und geschrieben. Der Gedanke stammt aus der Bibel. Jesus sagt in ganz unmißverständlichen Worten, daß wir unser Leben niemals finden werden, wenn wir es nicht vorher verlieren. Aber wir haben es schließlich als einen Alptraum vor uns gesehen, daß unser wertvolles Ich sterben sollte. Und so griff kürzlich eine erschütternde Erkenntnis nach mir: daß nämlich die Verwirklichung dessen, was Jesus über »das Leben verlieren« — »sich loslassen« sagte, mir selbst gerade erst aufging. Das war vor wenigen Wochen!

Ich war so müde, daß ich weinen mochte.

Selbst eine gut durchschlafene Nacht half mir nicht mehr.

Ich betete — und nichts geschah.

Ich versuchte, mir selbst einzureden, daß Gott sich doch nicht verändert hat, aber das Gehirn dachte aufgrund dieser Erkenntnis nicht klarer.

Was war los? Ich konnte nicht mehr schreiben. Ich füllte die Seiten mit Wörtern — aber sie sagten nichts aus.

Ich war gefangen, verstrickt im Dschungel meines Denkens und Fühlens.

Aber was zog mich, einen von Natur fröhlichen, optimistischen Menschen, in diese Depression, die mir nun schon tagelang, ja wochenlang anhing?

Ich zog mich nach unten. Ich hatte mich auf mich selbst konzentriert, und so bin ich auf mein Selbst hereingefallen.

Wenn ich mich auf Gott konzentriere, befreit mich das zur äußersten Leistungsfähigkeit. Ist meine Aufmerksamkeit dagegen von meinem Ich und den üblichen Alltagssorgen gefesselt, stehe ich unter einem gewissen Zwang und bin den Dingen verhaftet. Ich stecke dann im Sumpf der Beschäftigung mit mir selbst — unfähig, vorwärts zu kommen, unfähig auch, mich an die Gewißheit der Erlösung zu klammern. Nicht, daß die Erlösung damit ins Wanken geriete. Als Jesus am Kreuz sein »Vollbracht« ausrief, war die Erlösung vollendet. Sie ist eine endgültige, feststehende Tatsache. Nein — *ich* bin es, die hin- und herschwankt, und das aus einem einzigen Grund: Ich starre in die falsche Richtung. Jeder Schritt, den ich gehe, jede Entscheidung, die ich fälle, bedeutet einen Schritt rückwärts, solange ich meinen Blick nicht von mir lösen kann. Aber das ist es ja:

Heißt nicht auf Gott schauen mir selbst sterben?

Ja, das ist es!

Richtungswechsel

Aber unsern Blick auf Gott gerichtet halten ist eine ständige Übung und hat genauso viel mit dem täglichen Kleinkram, mit Kummer, Versagen, Enttäuschung und Erschöpfung zu tun wie mit dem ewigen Leben. Denn das alltägliche Leben und das ewige Leben gehören für einen Nachfolger Jesu zur selben Kategorie. Das neue Leben durchdringt den Alltag, »heiligt« ihn, wie wir sagen, und dies in dem Maße, wie wir von uns weg auf ihn sehen in guten und in bösen Tagen, in Freude und Sorge, in Lachen und großer Trauer.

So gibt er »großen Frieden denen, die an dir bleiben«. Heißt das, daß wir von morgens bis abends im Geist Bibelverse aufsagen sollen? Nein.

Heißt das, daß wir ständig Gebete murmelnd herumlaufen sollen? Nein.

Heißt das, daß wir nur von himmlischen Dingen reden dürfen? Auch das nicht.

Es bedeutet zunächst, daß wir uns über alles, was uns Gott auf dieser Welt an Gaben und Möglichkeiten geschenkt hat — materieller und geistiger Art —, von Herzen freuen sollen. Aber das ist es ja: Aus dieser Freude wird nichts, solange unser Denken und Empfinden in uns selbst gefangen ist.

»Aber wenn ich mich nicht um mich kümmere, wer tut es dann?« Sprechen Sie diesen Satz ruhig aus! Mir rutschte er zu verschiedenen Zeiten während meines Christseins immer wieder heraus. Es war jedesmal eine ehrlich-verzweifelte Frage, auf die ich immer die gleiche Antwort erhielt:

»Er, der gute Hirte! Er kümmert sich um seine Schafe.«

Wir verschwenden physische und geistige Energie und verursachen uns und anderen Sorgen und Herzschmerzen damit, wenn wir uns immer wieder den altgewohnten Selbstschutzmanövern zuwenden und sie dann mit diesem Satz rechtfertigen: »Wenn ich mich nicht um mich kümmere, wer tut es dann?«

Können wir unseren Blick auf Gott richten und dabei unsere Angelegenheiten so regeln, daß unsere Rechte als Persönlichkeit gewahrt bleiben? Wieso eigentlich nicht, wo wir doch — zumindest nach unserer Theorie — einen unsichtbaren Sekundanten neben uns haben, der uns davor bewahrt, mit Mitteln zu kämpfen und uns auf eine Weise zu verteidigen, die andere isolieren und verletzen und unsere Familien und Freunde traurig machen? Wo aber finde ich Kriterien für Sinn und Grenze der Selbstverteidigung?

Können wir den Blick auf Gott gerichtet halten und gleichzeitig eine Auseinandersetzung mit unserem Ehepartner durchstehen?

Es ist möglich.

Mit dem Blick auf Gott ist zwar alles anders: Sie selbst kommen nicht so groß heraus — kein Wunder: wer auf Gott sieht, sieht sich selbst mit Gottes Augen, sachlich, nüchtern; das Ich schrumpft auf seine reale Größe zusammen, dieses von Gott geliebte Ich, und hat keine Angst mehr davor, daß ihm ein Zacken aus der Krone bricht. Aber möglich ist es, die Kriterien liegen bereit. Man muß sie sich nur aneignen, indem man die 66 Bücher eines Sammelbandes studiert, den man *DAS BUCH (=biblia)* nennt, und die darin empfohlenen Übungen täglich durchführt. Mit der Zeit regelt sich dann vieles von selbst: Plötzlich entfällt die Notwendigkeit, sich selbst zu verteidigen (war dieses »Selbst« nicht schon gestorben?); der gewohnte scharfe Wortwechsel bricht ab, der Blick auf Gott zeigt den Ausweg, der uns schon längst bereitet ist, auf dem uns Gott aus diesen Schwierigkeiten herausführen will.

Aber wie schaffen wir das? Wie halten wir diese neue Orientierung durch — aufmerksames Studium der Bibel, regelmäßiges Gespräch mit Gott, neues Leben?

Die Basis für dies alles ist schon lange bereit. Unsere Sache ist es, uns auf den Boden dessen, was Gott bereits geschaffen hat, zu stellen und darauf zu leben.

Er hat diese Grundlage geschaffen, auf der wir unabhängig von dem, was uns begegnet, einen sicheren Standort finden können, einen Felsen, der uns trägt.

Der feste Grund ist keine Theorie. Er ist nicht eine von Menschen ausgedachte theologische Prämisse. Jesus Christus selber ist es, der uns sagt: »Ich bin der Weg...« Ein fester, tragender, gangbarer Weg zum Leben, zum Vater. Wenn wir nur einen winzigen Schimmer davon haben, wer der Weg ist — Jesus —, dann haben wir schon eine kleine Vorstellung vom Ziel — dem Vater. Denn »ICH und der VATER sind eins«, sagt Jesus. So bewegen wir uns auf unerschütterlichem Grund, der uns ewig trägt.

Ich habe diesen festen Boden wiedergefunden.

Ob ich davon auch hätte sprechen können, als mein Ich und die ganze Last an Sorgen und Problemen mich gefangen hielten? Ja. Und es wäre nicht unwahr gewesen. Denn ich habe mein Vertrauen auf Jesus Christus gesetzt, und dort bin ich nach wie vor verankert — aber...

Da ist das große Aber. Habe ich mich so benommen, als ob meine Füße auf diesem festen Boden ständen? Auf dem Boden der Erlösung, die dieser junge Mensch Jesus Christus uns bereitete, als er im Sterben die Arme nach der ganzen Welt ausstreckte, damit wir alle die Liebe des Vaters erkennen sollten?

Nein, ich habe mich nicht so benommen, als ob das alles für mich verbindlich wäre.

So machen auch Sie es, wenn Sie sich von Ihren Sorgen einkreisen lassen, bis Sie hoffnungslos in sich selbst verstrickt sind. Sie hören ja nicht auf, an Jesus Christus zu glauben, auch wenn Sie sich gerade in einem Chaos befinden. Gott ist der unerschütterliche, feste Grund. Da gibt es keine Veränderung, kein Schwanken. Lediglich unser Bewußtsein schwankt. Nur der Zielpunkt unserer Aufmerksamkeit verlagert sich — unsere Zuverlässigkeit verlagert sich von Gott auf uns selbst.

Keines Ihrer Probleme mag sich inzwischen erledigt haben. Äußerlich hat sich nichts von all dem geändert, was Sie eben noch so sehr bedrückt hatte. Ihr Sohn wird Ihnen noch immer Ihre repressiven Erziehungsmethoden vorhalten. Ihre Freundin mag Sie abgehängt, Ihr Mann Ihnen eine längst vergessene Sache wieder vorgehalten haben — Gott ist da und bereit, Ihren Blick von alledem zu lösen und auf den Mann am Kreuz zu richten, Sie sein »Es ist vollbracht« hören zu lassen, Sie von sich selbst zu lösen und auf ihn auszurichten. Wenn Sie sich auch überfordert haben, so wird er Ihnen doch die nötige Kraft zurückgeben. Sie können deshalb fest damit rechnen, weil nicht Sie sich in der Hand haben, sondern er. Und er wird fertig mit Ihren Problemen — sogar mit Ihnen selbst.

Jeder Mensch ist anders. Keiner hat die gleichen Schwierigkeiten, keiner die gleichen Gefährdungen. Irgendwie sind das alles relative, abhängige Größen. Was nicht relativ ist, sondern absolute Gültigkeit hat, ist die Tatsache, daß Gott uns seine Aufmerksamkeit schenkt, und zwar beständig: Tag für Tag, Stunde um Stunde. Und trotzdem bedrängt er uns nicht. Es begegnet uns nichts Gewaltsames in dem Allmächtigen. Vielmehr — und das mag der Schlüssel für die meisten Schwierigkeiten sein, die wir im Hinblick auf Gott haben —, wirbt er um uns. Er lockt uns zu sich. Er macht uns nicht unruhig, wenn wir unseren Blick von ihm abwenden; wir werden unruhig, weil wir über der Konzentration auf unser Ich und unsere Probleme die Freiheit, den Frieden und die Kraft verlieren, die uns von ihm zugeflossen sind. Weil Gott Gott ist und wir unser Leben von ihm haben, der allein es auch erhält, deshalb haben wir ihn so nötig.

»Verlaß dich auf...« die Psychologie?

Augenblicklich leben wir mit der psychologischen Welle, einer Welle der Beschäftigung mit uns selbst — es geht um unsere Schwächen, unsere Stärken, unsere Empfindlichkeiten, unser Versagen, unsere Erfolge, um unsere Ansichten über die Ehe, Freundschaften, über Abtreibung und Homosexualität; es geht um unsere beruflichen Erwartungen und Enttäuschungen.

Selbsterkenntnis ist gut. Wir müssen über uns selbst Bescheid wissen und uns so, wie wir sind, annehmen.

Aber hier taucht wieder der Schlüsselsatz auf: Was unsere Aufmerksamkeit (allzu lange) fesselt, fesselt uns.

Was unsere Aufmerksamkeit besitzt, hält uns gefangen.

Viele dieser Bücher der psychologischen Welle sind recht hilfreich, weil sie gute Einsichten vermitteln. Sie machen mich aber auch müde, weil mein Blick dabei an mir selbst hängenbleibt. Ich bin es nach einer gewissen Zeit leid, über Eugenia Price nachzudenken. Dann brauche ich einen Zustrom frischer Luft, daß etwas von außen auf mich zukommt — von außerhalb meiner selbst. Und ich spüre die Wohltat der reinen Atmosphäre, die mir klare Sicht gibt, meine Lunge wieder frei atmen läßt. Das ist mein Element, mein Zuhause, wo ich nach Gottes ursprünglichem Plan hingehöre. Nun höre ich auf, mich in Stücke zu zerpflücken und dann zu versuchen, mich neu wieder zusammenzusetzen. Ich fühle mich frei, bin zu Hause bei Gott. Ja, ich habe mich an den Weg gehalten, den einzigen, der zu Gott führt — Jesus, jene zwar nicht gerade bequemste, doch gerade und einzig direkte Strecke.

Und deshalb: »Mach die Erlösung zur Basis deines ganzen Lebens, und dann laß dich entschlossen los« — dann kannst du es auch!

Ich muß nicht alles, was Jesus während seines Erdenlebens und am Kreuz tat, bis ins einzelne verstehen, um diesen Weg zu wagen. Jesus wurde auch nicht Mensch, damit *er* unsere Empfindungen nachfühlen konnte: unsere Unsicherheit, unser Begehren, unser Weinen und Versagen, unsern Erfolg und unsere Nachgiebigkeit, unsere Anstrengungen und Aufregungen und unser Bedürfnis nach Ruhe. Vielmehr wurde er Mensch, damit *wir* ein für allemal wissen sollten, daß er unsere Lage kennt. Als einer der Unsern wurde er der wahre Grund unserer Befreiung, unserer Erlösung.

Erlösung von der Sünde? Ja, aber das ist doch nicht alles! Erlösung ist etwas so Weitreichendes, daß es unsere Fassungskraft übersteigt. Erlösung hat mit jedem Gebiet unseres Lebens zu tun. Mit Gott und durch Gott werden in jeder Traurigkeit, in jedem Versagen Erlösungskräfte wirksam. Nichts, aber auch gar nichts ist in der Gegenwart Jesu sinnlos. Und diese Gegenwart ist ja gerade die Grundlage unserer Erlösung. Er ist bei uns — in allem. Auf diesem Boden kann jeder Mensch zu jeder Zeit einen Standort finden, der ihn trägt.

Wenn ich resigniere und mich quäle und bedaure und analysiere und mich auf mich selbst konzentriere, stolpere ich, rutsche und gleite ich aus. Da helfen kein intellektuelles Sichaufschwingen meinerseits, keine von wohlmeinenden Menschen vorgebrachten Bibelsprüche. Nicht einmal die ständige Gegenwart Jesu mitten in meiner Selbstversunkenheit hilft mir, solange ich nur in mich hineinschaue. Ich lähme das Tun des allmächtigen Gottes, ich hindere ihn.

Glücklicherweise geht er nicht beleidigt weg. Ich habe sein Versprechen, daß er mich niemals verlassen noch versäumen wird. Aber bevor ich meinen Blick nicht fest auf ihn richte, kann selbst der sichere Boden der Erlösung an meinem Schwanken, an meinen Ängsten und Sorgen nichts ändern. Gott ist allmächtig, aber *ich* muß auch etwas tun: Ich muß mich loslassen und meinen Blick fest auf ihn richten. Was geschieht, wenn ich das tue, liegt außerhalb aller Erklärungsmöglichkeiten.

Der Prozeß des Zurruhekommens setzt vielleicht nur allmählich ein. Manchmal geht es auch schnell — der Frieden kommt dann wie ein stiller, starker Strom — oder wie ein Amsellied — oder wie ein Sturm. Ich denke, das hängt ein wenig von unserem Temperament ab. Manchen von uns gelingt das Loslassen und der Sprung des Glaubens leichter als anderen. Aber wir sind alle in der Lage, diesen Sprung zu vollziehen. Und wir haben die Zusage Gottes, auf dem festen Boden der Erlösung zu landen.

Das Leben wird damit äußerlich nicht leichter, aber wir können es bewältigen, solange wir uns entschlossen loslassen; solange wir uns an ihm — und nicht an uns selbst — festhalten.

2. Laß dich los — samt Vergangenheit und Zukunft!

Selbsterkenntnis — und was dann?

Die Theorien über die Irrungen und Wirrungen, die wir alle durchleben, und das allgemeine Bedürfnis nach innerer Heilung von den Wunden, die uns unsere Vergangenheit geschlagen hat, sind berechtigt. Denn wenn wir immer wieder unser tägliches Leben von der Vergangenheit überschatten lassen und dann noch den Berg von Sorgen und Befürchtungen, die unsere Zukunft betreffen, dazupacken, liegen wir am Boden, ehe es uns so recht bewußt wird. Diese Belastung ist einfach zu groß. Wir sind ständig beunruhigt, nervös und niedergeschlagen und hindern auf diese Weise unsere geistige und geistliche Entfaltung.

Wenn man das einmal klar sieht, wird die Bürde schon ein bißchen leichter; hier haben auch die psychologischen Aufklärungsbücher ihren Sinn. Wenn uns aufgeht, daß wir oft genug entweder die Opfer von vergangenen Ereignissen sind oder von dem, was möglicherweise auf uns zukommt, dann ist die Last nicht mehr ganz so schwer.

Aber dies Erkennen allein tut's nicht.

Die Vergangenheit loszuwerden und das Bedrängende der Zukunft zurückzuweisen ist nicht leicht. Ich halte es sogar für unmöglich, solange wir nicht von der Gewißheit durchdrungen sind, daß Gott die gesamte Verantwortung für unser Leben trägt. Bevor ich Christ wurde, schlug ich mich jahrelang mit den Narben aus meiner Vergangenheit herum und tat alles Erdenkliche, um mein zukünftiges Glück abzusichern. Ich schaffte es nicht.

Keiner schafft es.

Auch das Lesen der Bücher, die uns lehren sollen, mit Vergangenheit und Zukunft richtig umzugehen, bewahrt nicht davor, immer wieder — auf diesem oder jenem Gebiet — zu versagen und damit neuen Ängsten Tür und Tor zu öffnen. Und was noch schlimmer ist: diese Selbstanalysen lähmen uns.

Selbsterkenntnis ist notwendig, aber was machen wir mit unserem verpfuschten Selbst, wenn wir es endlich durchschaut haben? Können wir die Wunden unserer Kindheit ausheilen? Können wir uns angesichts einer unsicheren Zukunft inneres Gleichgewicht antrainieren?

Können wir standhalten? Ja, wir können es — mit dem sicheren Wissen, daß uns einer kennt und daß die Zeit, weder Vergangenheit noch Zukunft Gott einengen können. Er ist der ewig Gegenwärtige; er umgibt uns Tag und Nacht. Er antwortet unserem Hilferuf mit dem Bild vom Weinstock und den Reben.

Als Reben am Weinstock unterstehen wir seiner Verantwortung: »Ich bin der Weinstock«, sagt er. »Ihr seid die Reben.« Wo Leben ist, sind alle Reben fest mit dem Weinstock verbunden. Die Wurzeln des Weinstocks reichen tief in den Erdboden hinein.

Daß Christen Reben an diesem ewigen Weinstock sind, ist etwas durchaus Irdisches, Praktisches, Sinnvolles und äußerst wichtig; es ist keine hochtrabende intellektuelle oder mystische Idee, sondern irdisch-zeitlich und ewig zugleich.

Hier finden wir unsere Identität.

Vor langer Zeit sagte Jesus, was die meisten modernen »Hilf dir selbst«-Bücher betonen: Wir müssen die Vergangenheit ablegen und neuen Problemen so begegnen, wie sie an uns herankommen. »Sorget nicht für das Morgen, denn der morgige Tag wird für das Seine sorgen. Es ist genug, daß ein jeglicher Tag seine eigene Plage habe.« Das stimmt. Aber ich kann diese Lehre Jesu unmöglich befolgen, ohne daß er selbst die Kraft dazu gibt. Die Rebe kann ohne den Weinstock keinerlei Frucht bringen. Der Weinstock ist für die Rebe verantwortlich. Das ist ein Teil der Erlösung, weil Jesus Christus selbst der Weinstock ist.

Jeder von uns trägt vernarbte Wunden aus seiner Vergangenheit. Die Qualität der Frucht, die wir als Reben tragen, läßt sich unmittelbar ablesen an dem, was wir mit diesen Narben gemacht haben — was wir Gott zu tun erlaubt haben.

Meine Vergangenheit war meine Großmutter

Meine Großmutter väterlicherseits lebte bis zu ihrem Tod bei uns im Hause, das heißt bis zu meinem siebzehnten Lebensjahr. Ich war ihr ausgesprochener Liebling. Meinen Bruder Joe mochte sie zwar auch, aber da er sich gegen ihre häufigen Temperamentsausbrüche zur Wehr setzte, hatte sie ständig etwas an ihm auszusetzen. Unsere Mutter dagegen konnte sich soviel Mühe geben, wie sie wollte, bei Großmutter Price bekam sie keinen Stein ins Brett. Sie hatte nämlich etwas ganz und gar Unverzeihliches getan — sie hatte es gewagt, Großmamas einzigen Sohn zu heiraten. In deren

Augen aber gab es niemand, der gut genug für ihn gewesen wäre.

Der Frieden meines Elternhauses war in meiner Kindheit davon abhängig, wieviel Beachtung Großmama erhielt, besonders von seiten meines Vaters. Mein Großvater hatte sie um des lieben Friedens willen verwöhnt, und mein Vater setzte diese Tradition fort. Er gehörte zu den Menschen, die mit Traurigkeit und Streit oder unfreundlichen Worten nicht leben können. Sein Lebensziel war es, jeden glücklich zu sehen.

Mein Vater und ich waren uns so ähnlich, daß wir uns beide etwas darauf einbildeten. In Großmutters Augen konnte ich ebenso wenig etwas verkehrt machen wie mein Vater.

Daß sie mich so bevorzugte, beeinträchtigte schon in jungen Jahren die Entfaltung meiner Anlagen — meines Charakters. Ein derart üppig ins Kraut geschossenes Ich in einem so jungen Menschen und die nervliche Belastung aufgrund einer so großen Verpflichtung hätten mich für immer seelisch krank machen können, wenn ich mich an diesem Unrecht, das — unabsichtlich — hier an einem Kind begangen wurde, festgehalten hätte. Nur ein radikales Loslassen, die Auslieferung meiner Vergangenheit in die Hände Jesu Christi, brachte mir Heilung. Hin und wieder empfinde ich eine Neigung, sie mir wieder zurückzuholen, aber im allgemeinen spüre ich das so rechtzeitig, daß ich es abfangen kann.

Soweit meine Erinnerung zurückreicht, benutzte mich mein geliebter Vater als Vermittler, wenn Großmama eine Szene machte. Und jedes Mal (bis ich mit fünfzehn Jahren von zu Hause fortging) drängte mich mein ahnungsloser Vater (ahnungslos im Blick auf den Schaden, den er bei der jungen Tochter anrichtete, die er doch so zärtlich liebte) in die Rolle des erfolgreichen Friedensstifters. Ich habe mich ihm nie widersetzt. Dafür liebte ich ihn zu sehr. Kaum jemals waren meine Bemühungen um den Frieden auch vergebens gewesen. Das Ziel, das mein junges Gemüt damals erfüllte, steht heute noch klar umrissen vor mir: Wenn es mir irgendwie gelang, Großmutter zu beruhigen, dann konnte mein Bruder sie zum Lachen bringen, und dann schien bei uns wieder die Sonne. Wenn Großmama lachte, war die Gereiztheit gewichen und die harten Worte verstummt. Allmählich aber hing der Frieden immer häufiger von mir ab. Mein Vater nahm das von der leichten Seite. Er meinte, ich besäße eine Wäscheleine, an der jeder seine Launen und Sorgen aufhängen könne. Er hätte es besser wissen sollen!

Im Lauf der Jahre begann ich an den Nägeln zu kauen und tat mich bei allem, was ich unternahm, so schwer, daß ich zu einem nervösen Kind wurde, obwohl Mutter alles tat, um Entspannung und Freude in unser Leben zu bringen. Das Nägelkauen hielt tatsächlich an, bis der innere Heilungsprozeß einsetzte — bei meiner Bekehrung mit dreiunddreißig Jahren. Nun war ich fest mit dem Weinstock verbunden; ich hatte unmittelbaren Zugang zur Kraft Gottes und konnte den Wildwuchs meiner Anlagen in seine Hand geben und so auf andere, schöpferische Weise nutzbar werden lassen.

Statt negative Gefühle gegenüber meinem Vater zu hätscheln, weil er mir als Kind eine Rolle zumutete, die er selbst nicht zu übernehmen bereit war, hatte ich nun meine wahre Identität als ein Mensch Gottes gefunden. Ich konnte seitdem meinen Vater von Herzen lieben und meine Großmutter, diese arme, labile Frau, verstehen. Diese neue Basis fand ich aber erst, als ich mich losließ — nun im Hinblick auf meine Kindheitserlebnisse.

Es gibt schlimmere und weniger schlimme Kindheitserinnerungen als die, die bei mir ausgeheilt werden mußten. Viele haben sich daran so wund gerieben, daß sie sich nur noch als Opfer fühlen. Aber das Ausmaß solcher Wunden und Narben ist gar nicht das Ausschlaggebende. Was ins Gewicht fällt, ist die heilende Macht Gottes und unsere Bereitschaft, uns selbst radikal los — und ihm zu überlassen — nur so werden wir heil.

»Durch seine Wunden sind wir geheilt.« Auch das gehört zur Grundlage unserer Erlösung: Wir brauchen nur unsere Aufmerksamkeit bewußt von den Wunden, die die Vergangenheit uns geschlagen hat, abzuwenden und sie auf Jesu Wunden zu richten. So kommt der Heilungsprozeß in Gang.

Aber Vergangenheit vergangen sein lassen, ist vielleicht nicht so schwer wie loslassen, wenn es um die Zukunft geht. Es entspricht einfach der menschlichen Natur, daß wir gerne wissen möchten, was vor uns liegt. Die Geschäfte der Wahrsager, von Hellsehern, Handlesern bis zu Astrologen, blühen. Diese Leute wären arbeitslos, wenn sich die Menschen nicht so vor der Zukunft fürchteten.

Was wird morgen sein?

Der Sohn einer Freundin befindet sich augenblicklich in Schwierigkeiten — Drogen. Ich versuche, mir ihre Angst vor der Zukunft vorzustellen. Wie wird die allernächste Zeit aussehen? Was wird mit ihrem Sohn passieren? Sie war immer eine liebevolle Mutter. Ihr Mann ist ein verantwortungsbewußter und zärtlicher Vater. Sie sind wie so manche Familien dem Sog in die Tiefe, dem augenblicklichen gesellschaftlichen Trend zum Opfer gefallen. *Unsere* Kinder? — niemals! mögen sie gedacht haben. Nun ist für diese Eltern die Zukunft von Furcht überlagert. Wenn es sich auch um einen ersten Versuch mit offensichtlich leichten Drogen handelt — es geht um ihren Sohn. Was wird morgen sein? Und übermorgen?

Es gibt aber auch verhaltenere Zukunftsängste, auch unter jüngeren Leuten. »Ich denke oft über die Zukunft nach«, sagte die erfolgreiche, glänzend auftretende junge Dame, mit der ich mich kürzlich unterhielt. »Ob ich in den Jahren, die mir noch verbleiben, das Notwendige erreiche? Ich bin jetzt Anfang Dreißig. Was werde ich geschafft haben, wenn ich fünfundsechzig bin? Tue ich alles, was ich kann, um bis dahin einen Beitrag zum Bau des Reiches Gottes geleistet zu haben?«

In allen Lebensphasen, auch schon vor den Dreißigern, findet man mehr und mehr die Furcht vor der Zukunft. Es ist eine globale Furcht der Jungen vor der Sinnlosigkeit des Lebens, vor einem Leben, das den Namen nicht verdient, vor der Zerstörung des Planeten durch Ausbeutung und Gewalt, vor der totalen Verplanung im Beruf.

In Leserbriefen begegnen mir die Fragen dieser Jugend:

»Wie kann ich erkennen, ob ich den richtigen Beruf wähle?«

»Wo ist die Lebensaufgabe, die mich erfüllt und gleichzeitig anderen dient?«

»Welchen Sinn hat es überhaupt, sich so abzurackern, wie ich das bei meinen Eltern sehe?« »Wie kann ich sicher sein, daß Gott diesen Menschen für mich bestimmt hat?«

»Wie sieht es mit der Führung aus? Wie kann ich Gottes Willen erkennen?«

Es verwirrt bloß und macht uns zu trockenen Moralisten, wenn wir versuchen, unser Leben auf dem Glauben unserer Eltern aufzubauen. Glaube ist etwas ganz Persönliches. Auch romantische, hochfliegende Gefühle über Gott helfen uns nicht, wenn wir Wegweisung für den richtigen Partner und den rechten Beruf suchen. Eine echte Beziehung zu Gott beruht nicht auf Gefühlen, sie beruht auf dem Glauben. Wir müssen lernen, unseren Weg auch dann weiterzugehen, wenn wir nichts von der Liebe Gottes fühlen. Wir spüren nicht einmal immer unsere Liebe zu ihm. Die tragende Beziehung zu Gott wächst auf dem Boden der Erlösung. An der Tatsache, daß Gottes Liebe zu uns nie endet, können wir festhalten, ob wir uns geliebt *fühlen* oder nicht, ob wir uns als Liebende *fühlen* oder nicht.

Dies — und nur dies — macht uns fähig, in den Tagen, in denen wir uns als Gescheiterte und Einsame fühlen, standzuhalten. Für die Berufs- und Partnerwahl gibt Gott nicht annähernd so genaue Anweisungen, wie wir sie gerne hätten. Es gibt keinen Trick, keine Technik, um seine Führung im Hinblick auf zukünftige Ereignisse zu erfahren. Aber die Wahrheit wirkt immer. Und Wahrheit ist, daß wir uns auch im Gedanken an die Zukunft loslassen können, wenn wir unseren Glauben auf die Tatsache gründen, daß Jesus Christus uns erlöst und uns damit in eine persönliche Beziehung zu ihm gebracht hat. Es ist die Kraft Gottes in dieser Beziehung, die uns dann den Weg in die rechten menschlichen Beziehungen und zu sinnvoller menschlicher Arbeit finden läßt. Gott gibt uns nicht, was uns leer macht und erschöpft, sondern was uns zum Wachstum verhilft.

Und wenn ich alt bin?

Wenn sich ein Sechzigjähriger klar macht, daß er mehr Jahre hinter sich als vor sich hat, was empfindet er, wenn er an die Zukunft denkt? Was hat er noch vor sich? Wird er bettlägerig sein oder sich im gesegneten Alter von Neunzig noch seines Lebens freuen? Werde ich vielleicht an der Schreibmaschine vom Schlag getroffen werden? Ich hasse den Gedanken, weiterleben zu müssen, wenn ich die Schreibmaschine nicht mehr anschlagen oder wenigstens diktieren kann, was dann aufs Papier soll. Schreiben ist mein Lebensinhalt. Wie lange werde ich es können?

Und Sie?

Werden wir dank Herzschrittmacher und Frischzellen und Organtransplantation so lange leben müssen, daß es am Ende nur noch ein Vegetieren ist, als hilflose Bürde für Freunde, Kinder, Pfleger? »Ich bete jeden Tag darum, daß ich schnell und leicht sterbe.« Wie viele Male hören wir diesen Ausspruch. Es ist eine natürliche, normale Bitte. Und ich bin sicher, daß Gott uns diese Bitte erlaubt, weil er unsere Schwachheiten kennt. Aber wie oft sieht es so aus, als ob er solche Gebete nicht erhörte!

Sicher, das Ende unserer Tage ist in seinen Händen. Und doch — ich würde viel darum geben, wenn er mir einen Anhaltspunkt über den Ablauf meines Lebens gäbe.

Aber nein, ich will nicht allzu oft um einen schnellen Tod beten, so sehr ich mich freuen würde, auf diese Weise den Sprung in Gottes Gegenwart zu tun. Aber mein Denken wäre dann so auf die Zukunft konzentriert, daß die Gegenwart darüber vernachlässigt werden könnte. Hat er, der mein Leben (und damit auch mein Sterben) zu steuern versprochen hat, damit nicht auch versprochen, bei mir zu bleiben, wenn ich alt bin? Daran denke ich, wenn ich an die Zukunft denke, und freue mich.

Ich habe keine Kinder. Wer pflegt mich, wenn ich pflegebedürftig bin? Wird meine beste Freundin, mit der ich zusammen wohne, vor mir sterben, oder bin ich zuerst dran? Wir werden solange wie möglich füreinander sorgen, aber was geschieht mit demjenigen, der allein zurückbleibt?

Eine Freundin, die mit 102 Jahren starb, wurde in ihren letzten Stunden von ihren beiden Töchtern liebevoll gepflegt. Sie ließen ihre Arbeit in Neu-England im Stich, um bei ihr zu sein. Aber diese beiden stehen allein, wie ich. Wer wird sich später um sie kümmern? Wirft dieser Gedanke seine Schatten schon auf ihre Gegenwart? Ich glaube nicht, denn sie gehören zu denen, die sich nicht um das »Morgen« sorgen. Sie leben ganz und gar im Heute.

So will ich es auch. Die Angst vor der Zukunft ist normal. Sich vor Alter und Krankheit zu fürchten, ist ebenfalls normal. Aber dabei stehenzubleiben, ist geradezu gefährlich.

Können wir uns an dieser Stelle wirklich loslassen?

Schöpferisch leben — nehmen und geben

Solange wir noch eine Kontrolle über unseren Geist haben, ja. Aber diese Kontrollfähigkeit behalten wir nur, wenn wir uns geistig bewegen. Wir werden uns selbst zur Last, wenn wir nichts mehr tun, wenn wir zu nichts mehr einen Beitrag leisten, wenn wir dem Gefühl nachgeben, nutzlos zu sein. Niemand auf der Welt ist nutzlos, der noch über seine geistigen Kräfte verfügt.

Das schwerste und schöpferischste Tun, das es gibt, ist das Gebet. Statt sich mit dem unmöglichen Kunststück abzuplagen, sich sein eigenes Alter auszumalen, beten Sie für andere. Wenn es Ihnen nicht gelingt, die Gedanken beim Gebet zusammenzuhalten, schreiben Sie sie auf ein Stück Papier. Keine Liebe hat mehr heilende Kraft, als diejenige, die sich um andere bemüht. Dann werden Ihre Tage zu kurz, um für alle zu beten, für die Sie es tun möchten und die es nötig haben.

Allein deshalb lohnt sich die Mühe, sich täglich im Loslassen zu üben, weil sonst die Angst vor der Zukunft unser Denken und unsere Zeit ausfüllt und blockiert.

Dieses Loslassen erfordert einen Willensakt, den man stündlich, manchmal sogar Minute für Minute vollziehen muß. Ich bin sicher, daß Gott das von uns erwartet; auf diese Weise sollen wir lernen, alles, was auf uns zukommt, anzunehmen. Deshalb sollen wir wie die Kinder werden: *im Vertrauen auf den allmächtigen gütigen Vater die Hände öffnen, annehmen und abgeben, um wieder empfangen zu können.* Das ist in meinen Augen das beste Rezept: jeder Lebensstufe, jeder Situation das abzugewinnen, was Gott für uns darin bereithält. Und das ist immer gut. Zukunftsangst dagegen, die noch genährt wird, wenn wir uns mit ihr beschäftigen, kann uns die Lebenskraft rauben, die wir fürs Heute brauchen: Kraft für unsere Arbeit; Kraft, um anderen zu helfen, um unseren Freunden Freude zu bereiten.

Es gibt Menschen, die eine solche Furcht vor der Zukunft haben, daß sie von einem gesellschaftlichen Ereignis zum anderen rennen, um nicht allein zu sein — allein mit ihrer Angst. Wie traurig, daß sie am Frieden und der verjüngenden Kraft der Stille vorbeigehen, jener Stille, die man allein mit Gott erlebt; einer Zeit, an der nicht von allen Seiten gezerrt wird.

Zeiten der Stille

Vielleicht ist es Zeit, die man ungestört in der Natur verbringt, oder zu Hause bei abgestelltem Radio bzw. Fernseher, oder wenn man am Fenster sitzt und schaut, was Gott erschaffen hat. Auch hier geht es um Loslassen und Annehmen: Zuwendung zu Gott, ohne ihn um dies oder jenes zu bitten, sondern nur, um ihn zu »sehen«, was dann wie von selbst zur Anbetung führt. Das Glück dieser Stille — ich kann es kaum beschreiben.

Jetzt höre ich förmlich, wie einige von Ihnen sagen: »Wenn Sie meinen Berg Wäsche erledigen müßten, einkaufen, Kinder zu Musikstunden und Schwimmunterricht wegbringen, täglich drei Mahlzeiten für die Familie kochen und Ihren Haushalt selbst führen müßten — wo soll ich bei alledem noch Zeit für die Stille hernehmen!« Das mag wahr sein. Ich gebe gerne zu, daß ich das Chaos, das die Tage einer jungen Mutter ausfüllt, nicht kenne. Aber vermutlich mußten Sie sich niemals die Zeit für die Stille erkämpfen, während Hunderte von Menschen Ihre persönliche Aufmerksamkeit beanspruchten, Fernsehstudios von 7.00 bis 8.00 Uhr morgens ihre Mitarbeit erwarten, nachdem Sie eine schlaflose Nacht hinter sich hatten, in der Ihr Flugzeug um 2.00 Uhr nachts landete und Sie um 4.00 Uhr endlich im Bett lagen.

Wir Menschen des zwanzigsten Jahrhunderts haben alle Schwierigkeiten damit, uns Zeiten für das Alleinsein mit Gott freizuhalten. Deshalb müssen wir uns, wie unsere Lebensumstände auch aussehen, zu solchen Zeiten der Stille erziehen — ob sie nun eine Minute oder eine Stunde dauern. Ich *kann* mich durchaus losreißen, wenn ich merke, daß ich an meinem Schreibtisch bei irgendeiner Schwierigkeit in Panik gerate. Und auch Sie können Ihre Arbeit wenigstens für eine Minute unterbrechen, auch wenn Sie an der Spüle stehen, mit den Kindern oder mit Büroarbeiten beschäftigt sind. Die Dauer der Stille ist nicht das Ausschlaggebende. Was zählt, ist der Augenblick des Alleinseins vor Gott, der auf ihn gerichtete Blick.

Wie ein Adler über seinen Jungen schwebt...

Was vertrauendes Loslassen, dieses auf Gott ausgerichtete Leben, bedeutet, zeigte mir der Brief einer Frau in den Mitdreißigern, die vor einiger Zeit unter Zukunftsangst litt, worüber wir in einen ausführlichen Austausch gekommen waren. Sie ist das, was man eine »Karriere-Frau« nennt. »In meinem Beruf«, so schrieb sie, »war ich zu einem ständigen Ortswechsel gezwungen, und dann machte mich Gott eines Tages auf die Stelle im 5. Buch Mose, Kapitel 32, 1 aufmerksam: 'Wie ein Adler seine Jungen ausführt...' Ich kam zu dem Ergebnis, daß Gott jedesmal etwas Besseres für mich im Sinn hatte, wenn wieder der Möbelwagen vor der Tür stand und ich Freunde und ein geliebtes Zuhause verlassen mußte.«

Das ist eine grundlegende Erkenntnis. Diese Frau versteht es, den Rhythmus der Ewigkeit in dieser Zeit schon auszuleben. Selbst ihr Zuhause ist nicht ihre Zuflucht. Gott ist es. Er war ihre Zuflucht in dem Heim, das sie verlassen mußte — warum sollte er es nicht auch an dem neuen Platz sein? Sie hat die Erlösung zum Fundament ihres Berufes gemacht und lernt nun, sich selbst loszulassen, wenigstens was ihre Zukunft angeht. Und daß Gott sie so direkt ansprechen konnte, zeigt, daß sie es bei aller Beanspruchung fertiggebracht hat, stille Zeit für ihn zu reservieren.

Da hilft schon ein kurzer Augenblick, in dem wir uns erinnern, wer wir sind — wichtiger noch: »wessen« wir sind; ein Augenblick, in dem wir daran denken, daß wir Reben am Weinstock sind.

»Du weißt«, heißt es in einem Brief, »daß es mir nicht gut geht. Seit ich Witwe bin — auf meinem Hügel hier von aller Welt abgeschnitten, ohne Auto — ist mein Leben sehr ruhig geworden. Wie dunkel kommt es mir vor, unerfüllt, ohne Bestätigung von außen, ohne Anerkennung. Keiner ist da, der meine Sprache spricht. Doch wenn man es recht betrachtet, hat all das Leid auch eine positive Seite: Aus diesen Umständen ist meine erste wahre Selbsterkenntnis erwachsen.«

Diese Frau ist eine Rebe am Weinstock. In einem Leben, das die meisten von uns zu Boden werfen würde, lernt sie, sich loszulassen.

Ich versuche, Vergangenheit und Zukunft dort zu lassen, wo sie hingehören: in die Hand Gottes. Er wird mir aus Vergangenheit und Zukunft jeweils das zu verarbeiten geben, was mir heute hilft, seinen Willen zu tun.

Es ist immer ein Abenteuer, in den Händen des lebendigen Gottes zu sein. Unsere Vergangenheit bei ihm geboren zu wissen und uns für die Zukunft ihm zu überlassen — nur das kann unserem Leben Sinn und Einordnung in ein größeres Ganzes geben.

3. Laß dich los — wenn du betest

Wir sollen — wir dürfen bitten

Obwohl Gott im Alten Testament sagte, er würde antworten, bevor wir bitten, fordert uns Jesus auf, unsere Bedürfnisse ständig vor den Vater zu bringen. Da Jesus unser Denken und Fühlen kannte, ist das nicht weiter verwunderlich. Sicher wollte er damit nicht sagen, der Vater hätte es nötig, gebeten zu werden. Aber er wußte wohl, daß es unsere menschliche Seele trösten würde, wenn wir bitten dürfen, sooft wir es nötig haben, und zwar ganz konkret. Jeder von uns darf um Vergebung bitten, in allen Schwierigkeiten um Hilfe rufen. Im Lauf der Jahre habe ich es aber erlebt, daß der Heilige Geist, fast unmerklich für mich selbst, die Richtung meiner Gebete geändert hat.

Wenn mein Kopf schmerzt oder mein Rücken, wenn mitten in die anstrengende Arbeit hinein das Telefon läutet und läutet und läutet und das bei einer inoffiziellen Nummer, wenn der Stapel unbeantworteter Post wächst, dann schreie ich einfach nur noch in meinem Innern: »Herr, hilf mir! Hilf mir, damit fertigzuwerden!« Daran ist nichts Falsches. Ich brauche einfach Hilfe.

Aber ich stelle auch fest, daß mein Hilferuf mit der Zeit ein anderer geworden ist. Er mag noch genauso klingen, aber Gott weiß, daß ich jetzt, anstatt zu denken: »Halt mir die Leute vom Leibe«, meistens meine: »Hilf mir, lieber Herr, daß ich gut zu ihnen bin und ihnen in deinem Namen helfe!«

So weit komme ich nicht jedes Mal, aber ich bemühe mich. Ich bin auf dem Weg, es zu lernen, mich selbst loszulassen, wenn ich bete.

Natürlich sollen wir auch für andere beten. Das könnte uns daran hindern, uns auf uns selbst zu konzentrieren; wenn man auch nicht sagen kann, daß das immer zutrifft. Ich möchte da ein Beispiel aus meinem persönlichen Bereich anführen: Eine sehr gute Freundin von mir liegt im Krankenhaus. Ich muß, um sie jeden Tag oder wenigstens jeden zweiten Tag zu besuchen, nach Brunswick fahren, über Sümpfe und Salzbäche hinweg. Natürlich wünsche ich ihr, daß es ihr besser gehen und daß sie vom Leiden befreit werden möge, daß sie heimkehren dürfte aus der unpersönlichen Atmosphäre eines unruhigen modernen Krankenhauses. Ich liebe diesen kranken Menschen. Aber gelegentlich ertappe ich mich dabei, daß ich um schnelle Gesundung für diese Frau bete und dabei mit dem Gedanken kämpfe, daß ich ungestörte Tage an der Schreibmaschine brauche, Tage ohne Unterbrechung durch diese ausgedehnten Fahrten. Vielleicht bin ich sogar so weit gegangen, daß ich Gott daran erinnerte, wie beschäftigt *ich* doch bin und wie nötig *ich* es habe, daß jene Freundin wieder heimkommt. Und selbst wenn es nicht dahin kam, wäre ich doch dazu fähig gewesen, so zu beten. Gott kennt ja alle Gedanken meines Herzens.

Wenn wir nicht wissen, wie wir beten sollen

Echtes Gebet für andere schließt ein, daß wir uns selbst in dieser Situation radikal loslassen und uns auf das liebende Interesse an diesem Menschen konzentrieren.

Ist das immer möglich? Ich bezweifle es. Auf jeden Fall ist es niemals leicht. Es ist zwar nicht schwer, die Namen derer aufzusagen, um die wir uns besonders sorgen. Das geht schnell und ist einfach. Aber seien wir doch mal ehrlich: wenn es auch so aussieht, als ob wir für andere beteten, können wir unser Gewissen vor Gott doch kaum damit beruhigen, daß wir nur die Namen nennen, die er doch schon kennt. Heißt das, daß wir unbedingt das in Worte fassen müssen, was wir im Gebet für jemand anderen ausdrücken möchten? Das muß nicht sein. Wenn ich das Empfinden habe, wirklich zu beten — das heißt, mit Gott, dem Herrn, zu reden, bei ihm zu sein, dann wende ich mich ganz dem Wohl eines Menschen zu. Ich selbst bin dann solange von der Bildfläche verschwunden.

Ich halte mich nicht für eine Autorität auf dem Gebiet des Betens. Das Wunder des Gebetes, seine atemberaubende Kraft und Einfachheit flößen mir noch zuviel Ehrfurcht ein, als daß ich glaubte, das alles zu verstehen.

Beten lernen — Jesus lehrte seine Jünger beten. Aber auch nach vielen Jahren geübten Betens hilft mir, was Gott uns in der Bibel sagt: daß es Zeiten geben wird, in denen wir nicht wissen, wie wir beten sollen. Daß wir manchmal stecken bleiben, ist kein Grund zur Panik; denn er hat verheißen, daß er dann die Regie übernimmt. Die Bibelstelle, in der er uns diese gute Nachricht übermittelt, steht in Römer 8, 26 und heißt: »Der Geist hilft unserer Schwachheit auf. Denn wir wissen nicht, was wir beten sollen, aber der Geist tritt für uns ein mit unaussprechlichem Seufzen.«

Das bedeutet nicht, daß ich in solchen schwierigen Augenblicken plötzlich in einer unverständlichen Sprache zu reden und zu seufzen anfange. Für mich bedeutet diese Verheißung: Wenn ich vor einer unüberwindlichen Barriere stehe, dann brauche ich keine Worte mehr. Ich brauche dann nur auf ihn zu schauen, weg von mir selbst, und mit ihm auf den, um den es geht.

Wenn mir jemand schreibt, daß er für mich betet, überlege ich mir hin und wieder, was dieser Mensch wohl vor Gott ausspricht. Was wurde für mich an diesem Tag im Gebet gesagt? Oder fielen gar keine Worte? Hat sich jemand, der sich um mich sorgt, auf mich konzentriert und mich dabei dem Vater hingehalten, der ja alle meine Bedürfnisse kennt, besser als ich selbst? Beten wir mit anderen zusammen — und das brauchen wir alle hin und wieder — dann formen wir natürlich Worte, es sei denn, daß sich zwei Menschen einfach vor Gott in der Stille treffen. Wenn meine Freundin in einer besonderen Not laut für mich betet, so daß ich sie hören kann, wirkt das ungeheuer beruhigend und verheißungsvoll für mich. Aber mein persönliches Gebetsleben ist oft wortlos — so, wie wenn man mit Gott über jemand anderen nachdenkt.

Wie denkt Gott über dies alles? Ich glaube, daß er an einer bestimmten Technik unseres Betens überhaupt nicht interessiert ist! Jesus sagte, daß wir zu zweien oder dreien zusammenkommen und mit ihm reden sollen. Und er warnte dabei vor eindrucksvollem öffentlichem Reden. Er empfahl das Kämmerlein und nicht die Straßenecke. Jesus sagte damit nicht, daß der Pastor (oder der Priester) am Sonntag nicht öffentlich in der Kirche beten solle. Ausdrücklich wünschte er, daß wir zum Gebet zusammenkämen.

Soweit ich das heute sehen kann, geht es um folgendes: Wir beten und reden in Worten mit ihm. Wir sprechen unseren Kummer, unsere Sorgen, unsere Angst, unsere Enttäuschung, unsere herzzerreißende Not in den Worten aus, die uns auf natürliche Weise kommen. Und wenn uns die Worte fehlen, können wir auf seinen Geist zählen, daß er unsere Anliegen an Gott vermittelt. Er weiß es, wenn unsere Gedanken zu zerstreut und verwirrt sind, als daß wir noch zusammenhängend sprechen könnten. Dann tritt der Heilige Geist für uns ein. Das geht allemal über unsere Worte hinaus.

Gott befreit uns auch zur Natürlichkeit

Ob wir nun laut oder in der Stille sprechen — die mühsame Anstrengung hört auf, wenn wir Gott in unserem Gebetsleben zur Wirkung kommen lassen.

Er wünscht sich vor allem, daß wir überhaupt beten. Und Beten erfordert Zeit. Jesus sagte einmal zu seinen Jüngern, daß er sie nicht länger seine Knechte nennen wolle, er nannte sie nun Freunde; und so geht es ihm darum, daß wir Zeit mit ihm verbringen, wie wir das auch sonst mit Freunden tun. Auf welche Weise? Ungezwungen, denn selbst unsere Plaudereien hört er liebevoll an.

Er wünscht sich unsere Aufmerksamkeit. Daran erkennt er, daß wir ihn lieben. Und weil er uns liebt, will er, daß wir unser Interesse von uns selbst abwenden. Wir kennen die häßlichen Folgen, die auftreten, wenn jemand sich um sich selbst dreht.

Nachdem die Psychologen jahrzehntelang unser Interesse an uns selbst wachgehalten haben und daraus ganze Heere von Narzißten geworden sind, Menschen, die sich nur noch für sich selbst interessieren können, müssen sie diesen Kranken nun wieder helfen, sich von sich abzuwenden — aber wohin?

Gott wußte schon lange, daß beständige Selbstbeobachtung zur Lähmung führt — lange, bevor es bei uns so weit war. Er schuf uns. Und er allein weiß, wie zerstörerisch die Konzentration auf uns selbst, auch im Gebet, wirkt. Unsere Aufmerksamkeit soll Gott gelten, weil wir ihn lieben, und unseren Mitmenschen, weil er sie genauso liebt wie uns und wir sie ebenfalls genauso lieben sollen, wie wir uns lieben.

Ist es unvermeidlich, daß unser Gebet manchmal zum Kampf wird? Hin und wieder ja. Aber beten wir nicht gerade, um aus dem Kampf heraus zum Frieden zu kommen? Ich kenne Christen, die glauben, man könne Gott nicht erreichen, ohne darum zu ringen. Die Stimmen zittern schließlich vor Furcht, und die Tränen strömen übers Gesicht, während sie beten und sich Gottes Nähe erkämpfen. Doch für mich gibt es überhaupt keine Methode, von uns aus Gott zu erreichen; er ist da, wir brauchen uns ihm nur zu öffnen.

Während ich dies schreibe, weiß ich: Er ist hier. Er war den ganzen Morgen um mich. Ich beginne zu beten: »Du bist hier. Wie wunderbar! Du bist bei mir. Ich bei dir. Hilf mir, bei dir zu bleiben!«

Ob wir IHN fühlen oder nicht — er ist da

Beten heißt, mit Gott zusammensein.

Nicht immer, aber oft bringt das Gebet Erleichterung und Trost. Wie gut das tut!

Dann wieder, wenn Gottes Nähe einem so bewußt wird, daß es einen wie ein Rausch überkommt und man festhalten möchte, was einen so erhebt, beglückt, verwirrt — laß los! Sie brauchen Gott nicht festzuhalten. Er hält Sie.

Das hält auch mich aufrecht, wenn die Gefühle kommen und gehen, und ich denke, es ist für die meisten von uns gesünder, wenn wir uns beim Beten auch im Bereich der Gefühle radikal selbst loslassen. Wenn Frieden und Ruhe uns am Schluß des Gebetes durchströmen, dann danken wir dafür. Es ist Barmherzigkeit Gottes mit unserem Bedürfnis nach solchem Frieden. Doch halten Sie das nicht für den einzigen Beweis seiner Nähe! Er kann Sie auch unruhig machen, zum Aufbruch mahnen, zum Ordnen, zur Korrektur.

Gefühle ändern sich wie das Wetter, und ich erinnere mich dabei an die weisen Worte der alten Quäker-Heiligen Hannah Whitall-Smith: Zuerst kommt die Tatsache — die Tatsache der Existenz Jesu Christi. Als Zweites kommt der Glaube — der Glaube an Jesus Christus. Als Drittes kommen erst die Gefühle.

Diese Reihenfolge macht mich innerlich frei und schenkt mir eine Heimat bei Gott, wenn ich bete. Bei ihm bin ich zu Hause, zu allen Zeiten. Büchern über das Gebet verdanke ich viel. Und doch ist es so: Wenn sich meine Aufmerksamkeit auf die Entwicklung einer bestimmten Gebetstechnik richtet, besteht die Gefahr, daß sie von Gott selbst abgelenkt wird. Bestimmte Gebetspraktiken befreien uns zwar in psychologischer Hinsicht. Doch wie auch eine Technik, die den Weg vom menschlichen Herzen zu Gott öffnen soll, gut und schöpferisch sein kann, so liegt darin auch immer die Gefahr, daß die Technik sich vervollkommnet und darüber das Gespräch mit Gott zu einer Formsache abgleiten läßt.

Eins ist wesentlich, wenn ich bete: selbst zur Ruhe zu kommen und zuzuhören und daran zu denken, daß Gott, der Herr über das All, mein Freund ist und daß er sich weit mehr um mich sorgt, als ich es selbst tue. Nur auf diese Weise bin ich imstande, mich selbst loszulassen — in seine Hände hinein.

Gebet ist ein offenes Reden über alle Dinge mit Gott — in vollem Vertrauen. Manchmal ist es hilfreich, das Wort »Glauben« durch das Wort »Vertrauen« zu ersetzen. Vor allem für diejenigen, denen das Beten noch eine neue oder ungewohnte Erfahrung ist.

Ausschlaggebend ist die Gegenwart Gottes; die Tatsache, daß er immer da ist. Ob wir dafür ein Gefühl haben oder nicht — er ist da. Jede Minute, am Tag und in der Nacht, schlafend oder wachend, sind wir in seiner Gegenwart, und er hört uns zu und beachtet uns. Zu jeder Zeit haben wir seine volle Aufmerksamkeit. An uns ist es, ihm auch die unsere zu geben.

4. Laß dich los — bei deiner Arbeit

Arbeitstage voller Ärger und Belastung können in lauter kleine Siege verwandelt werden, wenn wir es wagen, die Kunst des Sichloslassens in ihnen zu praktizieren. Der Schlüssel liegt bei unserer Haltung gegenüber der Arbeit, die wir nicht gerne tun, also gegenüber unangenehmen Pflichten.

Sicher, wir können nicht immer die Haltung eines reifen Menschen an den Tag legen. Zeitweise halten wir uns für Opfer der Arbeit; wir meinen, wer weiß was getan zu haben, sind überarbeitet und krank von all den Verantwortlichkeiten, mit denen wir uns abschleppen — wir bedauern uns selbst.

Mitfühlende Freunde helfen uns dabei: »Wie schaffst du es nur, so viel verschiedene Arbeiten zu bewältigen? Ich kann nicht verstehen, daß es immer noch Leute gibt, die dich besuchen und dich einladen, wo sie doch wissen, wie sehr du in der Arbeit steckst. Nein, wie du das nur schaffst!«

Das tröstet zwar, erhebt einen auch, aber in Wahrheit zieht es einen nach unten. Schließlich weiß ich ja selbst am besten, wie ich meine Arbeit, die mir liegt, liebe, und daß ich absolut keine Lust hätte, meine Lebensweise zu ändern, auch wenn ich es könnte.

Vielmehr muß ich innerhalb dieser Situation meine Haltung ändern: Loslassen muß ich mich, und ganz besonders müssen es die, die von wohlmeinenden (?) Christen auf einen Sockel gehoben und als Säulenheilige bewundert werden. Welchen Schaden sie damit anrichten, ist diesen lieben Geschwistern (hoffentlich!) nicht bewußt.

Ein Tagesablauf

Es hat keinen Sinn, ein Leben mit einem anderen zu vergleichen. Trotzdem wollen wir uns den Tagesablauf einer bestimmten Frau vor Augen führen:

6.15 Uhr	Aufstehen, duschen, anziehen, Frühstück vorbereiten für acht Personen — Ehemann, Schwager (der mit in der Familie lebt) und fünf Kinder
7.00 Uhr	Frühstücken und Kinder in die Schule bringen

7.30 Uhr Geschirrspülen und Küche aufräumen. Erste Füllung in die Waschmaschine geben (zwei weitere folgen täglich). Regelmäßiger Aufräumgang durchs Haus

11.00 Uhr Vorbereitung fürs Mittagessen für Mann und Schwager (Drei Tage in der Woche arbeitet sie selbst noch im städtischen Krankenhaus. Nach dem Mittagessen und an den verbleibenden Nachmittagen der Woche kauft sie Lebensmittel ein und macht die üblichen Besorgungen für den Haushalt, neben dem, was an Arbeit im Leben einer Hausfrau ja nie aufhört. Als ich sie um diesen »Fahrplan« bat, strich sie gerade die Holzverkleidung am Haus und ein paar kleine Kämmerchen an.)

17.00 Uhr Vorbereiten des Abendessens

18.00 Uhr Abendessen mit der ganzen Familie, dann Geschirrspülen (Die Abende verbringt sie gewöhnlich mit den Kindern und ihren Hausaufgaben.)

21.00 Uhr Kinder ins Bett bringen, jedem ungeteilte Aufmerksamkeit widmen

22.00 Uhr Zu Bett gehen

Dazu kommt, daß der Ehemann dieser Freundin nicht zu ihr steht. Er ist rauh und kühl, und in der Reaktion darauf — so sagte sie mir — ist sie es manchmal auch.

Diese Frau ist Christin.

»Ihr Rat«, schreibt sie, »klingt allzu einfach: Laß dich selbst los! Ich kenne das Rezept. Aber ich sehe keinen Weg, es zu verwirklichen. Wie? Wie ändert man seine Gedanken? Vor allem dann, wenn die anderen einem bei all dieser Arbeitsbelastung noch hart und lieblos begegnen? Wie vergißt man die harten Worte und übt weiterhin Liebe? Allzu oft läßt die Liebe und Fürsorge dann nach. Oder wir wünschen uns, jemand anderes zu sein, jemand anderen geheiratet zu haben usw. Das hat keinen Sinn. All diese Reaktionen sind selbstsüchtig und selbstbezogen. Ihr 'Laß dich los' ist wahr und klingt so einleuchtend und einfach. Aber wie soll man das machen? Wie, um alles in der Welt?«

Eine Antwort

Für diese Frau weiß ich keine Antwort. Aufrichtig gesagt, ich weiß nicht, wie sie sich von den offensichtlichen und so verständlichen Frustrationen ihres täglichen Lebens befreien soll. Je älter ich werde, desto weniger fühle ich mich sicher im Urteil, wo es um menschliches Verhalten geht; desto weniger versuche ich überhaupt noch, Antwort zu geben.

Sie mögen fragen: Wenn sie das nicht weiß, warum schreibt sie dann ein so schwieriges Buch wie dieses? Die Antwort heißt: Weil ich etwas über Gott weiß.

Ich sehe die mir von Gott gestellte Aufgabe im Schreiben, im Beantworten von Briefen, im Wohltun — soweit ich das überhaupt kann und Gott mich dafür einsetzt. Für diese Aufgaben muß ich mich frisch und gesund erhalten, muß geistig aufgeschlossen und wachsam sein, um wirklich schöpferisch arbeiten zu können. Das ist es, was Gott *mir* zu tun aufträgt.

Diese Freundin hat ähnliche Aufgaben. Sie ist ein empfindsamer Mensch, dichterisch begabt und eine wahrhaft Gläubige. Sie betet — auch für mich. Im Lauf der Jahre hat sie mir viele Bibelverse zugeschickt — einen nach dem anderen, immer dann, wenn ich sie gerade nötig hatte. Freundlicherweise liebt sie meine Bücher und macht sich um mich Gedanken. In all ihrem hektischen Arbeitsablauf findet sie oft noch Zeit, mir zu schreiben — darin übertrifft sie mich noch. Und ich frage mich, ob sie wohl die gleiche Erfüllung und Befriedigung erfährt, wenn sie sich mit ihrer scharfsichtigen Empfindsamkeit den Problemen ihres Mannes oder ihrer fünf Kinder widmet?

Ich bete darum, daß sie sich nicht von mir zurückzieht, denn ich schätze ihre Anteilnahme. Wir haben uns niemals persönlich gesehen — vielleicht begegnen wir uns auf dieser Erde auch nicht mehr —, aber sie hat manch hellen Schein in meine Dunkelheiten fallen lassen. Und ich kann nicht einsehen, warum das nicht bei ihren Kindern ebenso der Fall sein sollte — und auch bei diesem harten, offensichtlich durchaus nicht liebenswerten Ehemann. Solche Lichtstrahlen — freiwillig verschenkt, wie sie es mir gegenüber tut — verändern Situationen und nicht selten auch Menschen.

Darüber hinaus habe ich keine Antwort für sie, außer — und das gilt auch für uns alle — wenn ich Gott ins Spiel bringe. Was unsere Aufmerksamkeit fesselt, fesselt uns! Damit sind wir wieder am gleichen Punkt wie am Anfang. An Tagen, wo mein Übermaß an Arbeit, ärgerliche Unterbrechungen, der mitten in einer Szene oder einem Kapitel unwiderruflich verlorene Gedanke mich zum Selbstmitleid verführen und dazu, gegen die selbstverständlichsten

Dinge, die uns allen begegnen, zu rebellieren — an solchen Tagen lerne ich, einen Augenblick radikaler Stille einzulegen — ein oder zwei Minuten, wenn nötig auch länger. Dann erinnere ich mich daran, einerlei wie stumpf und langweilig und frustrierend das Leben im Augenblick für mich auch sein mag, daß der Grund, auf dem ich stehe, heiliger Boden ist. Der lebendige Geist des Schöpfergottes garantiert mir dafür.

Schöpferisch leben

Der Geist Gottes wirkt in mir, um mir die Kraft zu geben, die Richtung meines Herzens und Geistes zu ändern. Ich habe ihn nicht dazu empfangen, daß er *meine* Arbeit übernimmt. Er lebt in mir, um mich zu befreien, damit ich mich zu meiner besten Leistung entfalten kann. Dann ist es einerlei, wie steif ich dabei werde, weil ich nicht genug Bewegung habe, einerlei, wie sehr der Rücken oder der Kopf dabei schmerzt. Der Geist Gottes gibt in all dem Kraft — wenn ich mein empfindliches Ich wirklich loslasse. Er hilft mir, meinen Sinn für Humor und mein Urteilsvermögen zu behalten, und er setzt die schöpferischen Fähigkeiten in mir frei.

Wir können uns jederzeit loslassen — an jedem beliebigen Arbeitstag —, weil wir sicher sein können, daß Gott uns niemals losläßt.

Unsere Arbeit ist das, was wir daraus machen. Ich bete darum, daß das nicht platt klingt. Gott will nicht, daß unsere Arbeit Tag für Tag die gleiche Eintönigkeit aufweist. Äußerlich gesehen mag die Aufgabenstellung gleichbleiben, doch mitten darin möchte er uns einen Hauch von Frische, eine Zeit der Freude geben. Aber dazu braucht er unsere Aufmerksamkeit. Andernfalls erkennen wir seine Gaben gar nicht, wenn er sie uns anbietet. Denken Sie daran, Gott sagt: »Siehe, ich will ein Neues schaffen, jetzt wächst es auf.« Aber er fügt auch hinzu: »...erkennt ihr's denn nicht?« Erst dann gehen wir an Gottes wunderbaren, immer neuen Gaben nicht mehr vorbei, wenn wir ihm und nicht mehr uns selbst unsere Aufmerksamkeit widmen.

In der gleichen Verheißung sagt er weiter: »Ich mache einen Weg in der Wüste und Wasserströme in der Einöde.«

Unsere Wege gehen durch die Wüste der Arbeit — jeder Arbeit —, und durch Einöde geht es auch. Aber es sind Wege, gangbare Wege von Oase zu Oase.

5. Laß dich los — im Gespräch

Die Gesprächigen

Es ist anzunehmen, daß wir alle wenigstens einen Menschen kennen, der so unaufhörlich von sich selbst redet, daß ein echtes Gespräch praktisch nicht möglich ist. Eine Frau berichtete mir ganz ernsthaft, daß sie mitten in einer langen Geschichte, die ihr eine Freundin am Telefon erzählte, den Hörer hinlegte, die Haussprechanlage bediente, einen Mann bezahlte, der einen Rechnungsbetrag kassieren wollte, und dann zurückkehrte und entdeckte, daß ihre gesprächige Freundin inzwischen ihren Redefluß keineswegs abgestoppt hatte. Offensichtlich hatte sie nicht einmal bemerkt, daß vom anderen Ende der Leitung selbst die »Hm-hm's« oder »ach du meine Güte« nicht mehr gekommen waren. »Ich würde meine Freundin viel mehr anrufen«, sagte mir die Frau, »wenn sie mich nicht jedesmal eine Stunde oder noch länger am Telefon festhielte, oder wenn sie mir wenigstens die Chance gäbe, auch etwas zu sagen!«

Ich liebe meine Freunde und habe Freude daran, mit ihnen zu sprechen. Oft genug rufe ich selbst an, weil ich wissen möchte, wie es ihnen geht, wie ihr Leben verläuft, wie sie sich fühlen, wie ein bestimmtes Problem bewältigt wurde. Doch ich habe den Eindruck, daß die meisten Telefongespräche in zehn oder fünfzehn Minuten erledigt werden könnten.

Es gibt Menschen, die einfach kein Ende finden können. Dann zügele ich meine Ungeduld, wenn auch manchmal nur mit Mühe, indem ich mir klarmache, daß manche Menschen eben nicht aufhören können und daß sie in neun von zehn Fällen selbst nicht merken, was sie damit auslösen. Eine kleine, aber wichtige Hilfe auf dem Weg des Sichloslassens liegt darin, die Sache vom Standpunkt des Gegenübers aus zu sehen. Und wenn wir freundlich bleiben, ist es, falls die Mitteilungsfreudigkeit ins Uferlose zu gehen droht, immer noch möglich, den anderen wissen zu lassen, daß wir noch anderes zu tun haben, das unbedingt erledigt werden muß.

Wieviel muß ich mitteilen — wieviel anhören?

Teilnahme — das ist ein schwieriges und zugleich ein ziemlich abgenutztes Wort. Wir sollen die Lasten der anderen mittragen. Ja, wir freuen uns, wenn unsere Freunde uns genug vertrauen, um ihre Probleme auch mit uns zu teilen. Aber wie leicht verwandelt sich Anteilnahme in Klatsch! »Ich wollte Dir das nur mitteilen, damit Du gezielter dafür beten kannst...« Allzu oft leitet diese Bemerkung den Bericht über einen Skandal oder eine Tragödie aus dem Leben anderer ein. Ich muß keine Einzelheiten wissen, um *gezielt beten* zu können. Gott, der ja schon alles genau weiß, genügt es, wenn ich eine bestimmte Not nenne und ihn bitte, sie zu wenden. Er kennt dieses Problem besser als wir.

Das heißt nicht, daß wir selbst uns angewöhnen sollten, alles, was uns begegnet, in uns zu verschließen. Jeder braucht jemand, bei dem er sich aussprechen kann, Vertrauenspersonen, die weder klatschhaft noch überkritisch sind, die jedoch immer irgendeine Hilfe bieten können, sei es auch nur ein wissendes Lächeln, wenn wir uns ausgesprochen haben.

Es gibt Menschen, denen selbst eine knappe Mitteilung über ihre Schwierigkeiten schwerfällt, die alles mit sich selbst abmachen, oder, soweit sie Christen sind, nur Christus in ihre engsten Nöte Einblick gewähren.

Nun, es ist schon recht, wenn ich direkt zu Gott gehe. Nur kann ich dann nicht menschliches Mitgefühl erwarten, mich nicht enttäuscht fühlen, wenn niemand zur Kenntnis nimmt, daß in meinem Leben etwas nicht in Ordnung ist und ich Hilfe brauche.

Dennoch liegen wir falsch, wenn wir die ganze Last immer wieder auf einen Freund abladen. Wir setzen diesen Menschen dann an die Stelle Gottes und sagen gewissermaßen zu ihm: »Hier siehst du die ganze Geschichte — alles, was das Leben mir angetan hat — nun sage etwas, damit ich mich wieder besser fühle.«

Wie kann er das! Aber wenn ich zu jemandem — vielleicht nur im Vorbeigehen — sage: »Ich (oder, wer auch immer) brauche dein Gebet«, und dann in Stichworten sage, warum, genügt das vollkommen — solange es Freunde sind, die uns kennen. Und solche Freunde brauchen wir.

Mich selbst loszulassen, in die Hände Gottes hinein, ist für mich in Zeiten eigener Sorge immer die größte geistliche Stärkung gewesen.

Mich loszulassen, wenn andere mich mit ihren Sorgen überschütten, ist der einzige Weg, mit diesen Lasten fertig zu werden.

Eine bestimmte Bekannte hielt mich jedesmal länger als eine Stunde am Telefon fest, um über ihren vor zwölf Jahren verstorbenen Mann zu sprechen. Sie sagt mir jedesmal, bevor sie einhängt, daß es ihr eine so große Hilfe ist, mit mir sprechen zu können. Aber ein echtes Gespräch hatte gar nicht stattgefunden.

Eine andere Frau schwelgt darin, mir Flugpläne mitzuteilen, vollständige Schadensberechnungen für verlorenes Gepäck, Beschreibungen von Menschen, die sich im Flugzeug befanden usw. usw. usw. Bis zum Überdruß tut sie das jedesmal, wenn ihr Sohn von seiner beruflichen Tätigkeit im Westen zurückkehrt. Ich liebe diese Frau. Sie hat viele Züge, die ich zutiefst bewundere. Oft liegt meine Hand schon auf dem Hörer, um sie anzurufen — aber dann denke ich: Nein, ich kann das alles nicht schon wieder anhören. Ich versuchte, ihr etwas über den Tod meiner Lektorin zu sagen. »Das ist schlimm«, sagte sie, »aber du bist so bekannt, du wirst eine gute andere finden.« Und schon ging es wieder los: eine endlose Beschreibung der letzten Heimreise ihres Sohnes.

Wir tun uns schwer damit, auf diesem Gebiet einen objektiven Blick für uns selbst zu bewahren. Wir hören uns selbst nicht. Wir wissen, was *uns* interessiert, und setzen stillschweigend voraus, daß das jeden anderen genauso interessiert. Das ist gedankenlos. Dabei werden wir exzentrisch, nicht nur in der Unterhaltung.

Wenn der andere glasige Augen bekommt

Jesus Christus war der absolut Ausgeglichene. Das ist das erste, nach dem ich bei einem Nachfolger Jesu Ausschau halte: Ausgeglichenheit. Das ist die große Sehnsucht meines Lebens: ausgeglichen sein.

Ich selbst belaste andere damit, daß ich über Bücher spreche — im allgemeinen und über meine im besonderen; nichts auf Erden interessiert mich so sehr wie Bücher. Gestern abend beim Essen verfielen meine Freundin und unsere Gäste in eine hitzige Diskussion über die augenblickliche Damenmode. Ich saß da und ließ meine Gedanken eine Weile schweifen und begann dann, den Tisch abzuräumen. Es war nicht gerade sehr höflich von mir, aber ich hatte zum Gespräch nichts beizutragen. Modefragen haben mich von jeher gelangweilt.

Als ich nachher in der Küche das Geschirr in die Spülmaschine einordnete, fiel mir ein, wie mich Joyce an einem Abend vor fünf oder sechs Jahren darauf aufmerksam machte, daß ich das Gespräch allein beherrscht hatte.

»Du erregst dich so, wenn es um Bücher geht«, hatte Joyce an jenem längst vergangenen Abend gesagt. »Du prahlst nicht damit, du bist nur so angeregt. Aber heute abend hat unser Gastgeber glasige Augen bekommen. Ich glaube nicht, daß du es bemerkt hast.«

Ich hörte auf, Teller einzusortieren und schlüpfte an meinen Platz am Tisch zurück und versuchte, ein paar Worte über Mode beizutragen. Seit jenem Abend übe ich, mir selber zuzuhören, wenn ich anfange, mich in Gespräche über Bücher zu vertiefen. Ich achte auf mich, wenn ich mich über Nachforschungen über ein bestimmtes Problem in meiner neuen Erzählung auslasse. Wie rege ich mich auf, wenn die wissenschaftlichen Vorarbeiten zu einem Buch im Gange sind! Man kommt sich vor wie ein Pionier. Für eine Weile mag das ein interessanter Gesprächsstoff sein, aber bestimmt nicht sehr lange, wenn man dabei nicht vom Fach ist.

Ein Gespräch erfordert ein waches Dabeisein von Geist und Seele. Und Ohren, die die eigene Stimme ebenso hören wie die Stimmen um uns herum. Und ein bewußtes Schauen auf Gott, der diejenigen, die zuhören, genauso liebt wie den Sprecher.

Eine Frage der Identifikation

Wir sind alle so verschieden. Aber wir müssen einander so annehmen, wie wir sind. Und das ist nicht leicht.

Ich meine, für Christen sei damit noch nicht alles getan. Es gibt da noch die Möglichkeit, sich aktiv mit einem anderen zu identifizieren. Jesus Christus kam auf diese Erde, um sich mit uns zu identifizieren. Ich habe es schon einmal erwähnt; ich muß es jetzt noch einmal sagen, weil darin ein Schlüssel zum Verständnis liegt: Er kam nicht, weil er es nötig gehabt hätte, zu wissen, wie ein menschliches Wesen sich fühlt — das wußte er schon: »Ohne ihn war nichts gemacht, das gemacht war.« Doch erst seit seiner Menschwerdung, seit er sich unsere Begrenzungen auferlegt hatte, wissen *wir*, daß er es weiß. Und hier liegt für uns in unseren menschlichen Beziehungen das große Plus: der Geist — der lebendige Geist dieses gleichen Jesus Christus — lebt in jedem seiner Nachfolger. Wo dieser Geist regiert, besteht die echte Fähigkeit, sich zu identifizieren, unabhängig davon, wie verschieden der andere von uns sein mag. Hat sich Jesus Christus nicht der ganzen Menschheit zugerechnet? Und könnte es unähnlichere Menschen geben als Jesus am Kreuz und die Männer, die ihn dort angenagelt hatten? Während jener Stunden rief er laut nach des Vaters Vergebung gerade für sie, weil sie »nicht wissen, was sie tun«. Er hatte sich so sehr mit seinen Feinden identifiziert, daß er ihre Dunkelheit, ihr fehlendes Verständnis für seine Person und ihre Sünde Gott vor Augen hielt. Wird daran nicht deutlich, daß er unsere Sünde an seinem eigenen Leib an jenes Kreuz trug? Auch wenn wir durch unsere menschlichen Schwächen begrenzt sind, so haben wir doch Zugang, direkten Zugang zu dieser Art von Identifikation.

Einer der sichersten Wege, sich selbst loszulassen, um ein harmonisches Gespräch zu führen, liegt darin, sich mit dem Gesprächspartner zu identifizieren und dadurch den eigenen Frieden zu bewahren. Sich identifizieren heißt nicht unbedingt zustimmen. Es heißt nur, frei genug von sich selbst sein, um andere Gesichtspunkte zu erkennen und einige sinnlose Äußerungen ungesagt zu lassen.

Man sagt, es sei leichter, sich in einem geschäftlichen Gespräch selbst loszulassen als in einem mehr persönlichen Austausch. Stimmt das wirklich? Wenn ein Mann seine beruflichen Zukunftsaussichten mit einem Vorgesetzten durchspricht, wie objektiv ist er dann noch? Wenn eine Frau ihren Arbeitsplatz gegenüber einem Abteilungsleiter verteidigt und eine verdiente Beförderung, Gehaltserhöhung oder eine Vertragserneuerung verlangt, wie objektiv kann sie sein? Und wie steht es bei der Verhandlung mit einem Unternehmer über den Kostenanschlag für ein neues Dach? Ich kann mich nicht erinnern, in christlichen Büchern viel, wenn überhaupt etwas über solche Gespräche gelesen zu haben. Die säkularen Selbsthilfebücher bieten ausgezeichnete Ratschläge an — auf humanistischer Grundlage. Aber was tut der Christ in einem Gespräch dieser Art und von dieser Wichtigkeit? Ist er in diesem Fall ein unterwürfiger »Ja-sager«?

Wie in allen anderen menschlichen Begegnungen, so müssen wir als Christen uns auch auf dem Gebiet der offenbaren Selbstverteidigung und der emotionalen Tiraden selbst loslassen. Aber wenn wir wirklich glauben, daß unsere Angelegenheiten ohne Ausnahme in der Hand Gottes sind, müssen wir dann auch allem zustimmen? Um den Arbeitsplatz zu erhalten oder den Vertrag oder den Frieden? Nein. So einfach ist es nicht.

Vor allem müssen wir in solchen Gesprächen realistisch sein, besonders in Anstellungsgesprächen. Wir müssen es uns zu Hause gut überlegt haben, wenn unser persönlicher Wert für eine Firma oder eine Behörde oder Verwaltung gefragt ist. Um hier einen Standort zu finden, möchte ich von mir selbst ausgehen und meine eigenen Verlegerverhandlungen als Beispiel benutzen. In regelmäßigen Abständen prüfe ich die Verkaufszahlen meiner Bücher nach. Ich mag begeisterte Briefe von Lesern bekommen, aber wenn es nicht ein paar Tausend neuer Leser gibt, die ihr Geld für mein Buch bezahlen, dann ist die Begeisterung einiger weniger zwar erfreulich, aber durchaus wirkungslos, wenn es um einen neuen Verlagsvertrag geht. Von ganzem Herzen versuche ich, meinen Wert für die Gesellschaft realistisch zu sehen. Ich möchte meinen Wert als Autor weder über- noch unterschätzen. Ist das für mich klar, dann sind meine Gefühle in dem Gespräch mit dem Repräsentanten des Hauses weitgehend gelockert.

Mit den Tatsachen und dem Willen ausgerüstet, mich mit den Problemen des Verlegers so gut wie mit meinen eigenen zu identifizieren, führen wir dann das Gespräch. Ein paar Regeln zur Identifikation mit meinen Verlegern machen es gewöhnlich möglich: gegenseitiger Respekt, persönlich wie auch gegenüber den Prinzipien; die Bereitschaft, unvermeidliche Konflikte offen zu erörtern, Kompromisse nicht auszuschließen — so ist das Gespräch, das echte Gespräch, zwischen beiden Seiten möglich. Wir müssen nicht in unbegründeter Ichsucht hängenbleiben und haben bei diesem Vorgehen die Freiheit, unser empfindliches Ich loszulassen.

Verwandtengespräche

Die schwierigsten Gespräche werden von oder bei Verwandten geführt.

Ich habe mir die Zahl von Briefen nicht gemerkt, die ich von erwachsenen Söhnen und Töchtern bekommen habe, denen es schwer fällt, sich mit ihren Eltern zu unterhalten. Sie finden es nicht nur schwierig, sondern oft genug langweilig und fürchten, daß es nicht ohne Streit abgeht. Darüber braucht man sich nicht zu wundern. Mutti und Vati und Tante Grete und Onkel Hans leben immer noch in der gleichen altbekannten Umgebung mit den gleichen alten Interessen. Die Kinder haben sich inzwischen ein neues Leben aufgebaut, neue Interessen gewonnen und finden es nun schwer, mit den eigenen Angehörigen Gemeinschaft zu haben. Und wenn der Sprößling dann nicht mehr genug Interesse zeigt, gibt es Streit. »Du interessierst dich ja nicht mehr für uns!« — »Aber das geht entschieden zu weit!« Oder wie Großmutter Price gesagt haben könnte »Der Schuh ist dir zu klein geworden!«

Versuchen junge Leute aber, die Eltern oder andere ältere Verwandte in ihr Leben hineinzuziehen, ernten sie oft nur Schweigen oder Verwirrung oder Desinteresse. »Jedesmal, wenn ich mit meiner Mutter über meine Arbeit in der Schule sprechen möchte, hört sie gerade 30 Sekunden zu, und dann redet sie davon, wieviel Schwierigkeiten sie hat, ihr Abflußrohr repariert zu bekommen.«

Wenn Eltern schon ziemlich alt sind, ist das verständlich. In den meisten Briefen, die ich erhalte, kommen die Klagen jedoch von Jungverheirateten oder Alleinstehenden mit Eltern in den mittleren Jahren. Natürlich sind auch Eltern frustriert. Auch sie beklagen einseitige Gespräche; Einsamkeiten, wo die jüngeren Glieder der Familie die älteren Verwandten ausgeschlossen haben.

Loslassen, um Zuhören zu lernen

Was kann man tun? Verständnis ist auf beiden Seiten notwendig. Das läßt sich nicht immer gleichzeitig verwirklichen. Das undichte Abflußrohr ist für die Mutter genauso real wie die Schule für die Tochter. Ein bißchen Verständnis für diesen Umstand — und wenn es nur ein bißchen auf einer Seite ist — hilft schon sehr viel. Und meistens ist es für den jüngeren Menschen weniger schwierig, ein Zugeständnis zu machen. Vielleicht sähen es die Lehrer sehr gerne, wenn sich die Mutter um die schulischen Belange ihrer Tochter kümmerte. Und wenn diese Tochter sich selbst so weit losläßt, daß sie der Mutter bis zum Ende zuhört, wenn es um das Abflußrohr geht, dann wird die Mutter keine Not haben, sich um die Tochter zu kümmern.

Es passiert schnell, daß Gefühle aufflammen und Abwehrreaktionen entwickeln. Leichte Lösungen für unsere Gesprächsschwierigkeiten gibt es nicht. Aber die Grundvoraussetzung dieses Buches befähigt uns, damit fertigzuwerden.

Manchmal ist es geradezu unheimlich schwer — aber sich selbst loszulassen, lang genug, bis wir einem anderen bis zum Ende zugehört haben, kann Wunder wirken. Ich kenne niemanden, bei dem das nicht wirkte, und keinen Gesprächspartner, von dem ich dann nicht gelernt hätte.

6. Laß dich los — in Streitfragen

Ich bin Christ, eine überzeugte Gläubige, und weiß seit meiner Bekehrung, daß Christus der einzige Weg ist. Nur bin ich heute nicht mehr so gesetzlich in der Vermittlung dieser Überzeugung wie früher. Und ich glaube, daß Gott selbst mich von dieser dogmatischen Gesinnung befreit hat. Auch bei Jesus Christus sehe ich kein starres Durchsetzen bestimmter Lehrmeinungen. Gewißheit? Ja. Dogmatismus? Nein.

Ich freue mich, wenn ich höre, daß irgend jemand gerade die Wirklichkeit Jesu Christi erfahren hat. Meine Freude ist sogar noch größer als in all den vergangenen Jahren, weil mir Gott mit jedem Tag, der vergeht, größer, mächtiger, liebenswerter wird. In Wahrheit verändert er sich natürlich nicht, er ist schon immer vollkommen gewesen. Nur meine Erkenntnis von ihm wächst, und so bedeutet er für mich immer mehr. Und ich verstehe immer besser, daß er meine Verteidigung nicht braucht. Er braucht keines Menschen Verteidigung. Er ist Gott. Deshalb bin ich in einem religiösen Gespräch heute freier; freier von mir selbst und befreit von dogmatischem Zwang. Jesus Christus hat ein vollkommenes Werk am Kreuz vollbracht. Gottes Herz ist dabei offenbar geworden. Jesus ist Gottes Erklärung für alles.

Nicht ich, sondern Jesus ist der Weg

Als ich gerade zum Glauben gekommen war, tat ich das, was nahezu jeder überzeugte junge Gläubige tut: Ich stritt gegen diejenigen und bedrängte die, die Gott in Christus noch nicht erkennen konnten. Es ist traurig zu sagen, aber es gibt Christen, die ihr Leben lang so handeln. Bevor ich Christus den ersten Platz in meinem Leben einräumte, hatte ich mich bereits mit anderen Religionen beschäftigt. Ich hatte in ihnen manches Wahre und vieles Halbwahre gefunden; vieles auch, was meinen menschlichen Geist anregte und erhob. Aber nur in Christus fand ich Vergebung — keine andere Religion bietet sie an. So fuhr ich etwa 15 Jahre lang den Menschen mit dieser herrlichen Wahrheit über den Mund. Ich benutzte diese Erkenntnis, um nachzuweisen, daß ich auf dem richtigen und sie auf dem falschen Weg waren.

Da liegt der wunde Punkt: Der leichteste Anflug einer solchen Selbstgerechtigkeit ist Sünde. Sie stößt zurück.

Die Schriftgelehrten und Pharisäer stritten auf dieser Ebene mit Jesus, als er hier auf der Erde lebte. Was hätte sie daran hindern sollen? Sie kämpften mit ihrem Intellekt auf der Grundlage ihrer Kenntnis des Gesetzes, des religiösen Gesetzes. Jesus schlug nicht zurück. Er stand einfach da in seiner göttlichen Autorität und erklärte ruhig: »Ich bin der Weg.« Er brauchte keine Beweise.

Langsam, im Verlauf der Jahre, habe ich entdeckt, daß Jesus immer noch still dasteht, gerade dort, wo wir unsere religiösen Gespräche führen, und er sagt wie damals — nicht nur zu dem Menschen, den wir überzeugen wollen, sondern auch zu uns: »Ich bin der Weg.«

Selbst denen gegenüber, die ihn während seines Erdenlebens mit der Schrift festnageln wollten (und die Welt ist immer noch voll von solchen, die den biblischen Text als Waffe benutzen), hatte er eine ruhige, bestimmte Antwort: »Ihr forscht in der Schrift, denn ihr meint, ihr habt das ewige Leben darin; und sie ist's, die von mir Zeugnis gibt; aber doch wollt ihr nicht zu mir kommen, um das Leben zu haben.«

Es ist wunderbar, daß er keine Theorie ist, kein Dogma, sondern eine Person. Eine Person, die man kennenlernen, zu der man kommen kann — auch heute noch.

In der jüngsten Vergangenheit hat es einige Leute gegeben, die Gott für tot erklärten. Hin und wieder denken die Menschen, es wäre zu schön, um wahr zu sein, daß Gott selbst sich einen Weg ausdachte, um seine Erde zu besuchen, um einer der unseren zu werden.

Aber in Wirklichkeit ist das zu schön, um nicht wahr zu sein.

Der zentrale Punkt

Die Gottheit Jesu Christi ist der zentrale Punkt allen christlichen Glaubens. Jahr um Jahr, manchmal Tag um Tag erkenne ich das klarer. In jedem Gespräch, das ich mit irgend jemand über den Glauben führe, muß ich das deutlich herausstellen. Wenn Gott sich nicht selbst offenbart hätte — in einem menschlichen Wesen mit einem menschlichen Herzen, mit Lunge und Augen und Ohren und Armen und Versuchungen —, könnte ich ihm nicht nachfolgen. Um dieser zentralen Tatsache willen fand ich zum Glauben, und mein Glaube wird dadurch ständig gestärkt. Es kann mich noch heute überwältigen, daß der junge Mann, der dort am Kreuz hing und seine Arme nach der ganzen Welt ausstreckte, Gott selbst war. Alles das konnte von Gott in ein menschliches Wesen hineingelegt werden. Und Christen sind jene glücklichen Menschen, die das Wesen Gottes in Jesus Christus entdeckt haben, in dem vergebenden, lebendigen, heute lebenden Jesus Christus.

»Keiner hat Gott je gesehen, der eingeborene Sohn . . . der hat ihn uns verkündigt.«

Er, Jesus, hat den Vater verkündigt.

Wenn ich für jemand bete, der ihn noch nicht in dieser Weise kennt, dann tue ich es etwa so: »Lieber Herr, zeige ihr — zeige ihm —, wer du bist.« Von diesem Punkt geht Freiheit aus. *Ich* werde frei, weil ich den Menschen Jesus übergeben habe und wissen kann: Er wird handeln. *Mein Gesprächspartner* wird frei, weil dies Jesu Ziel mit ihm ist: »Wenn euch der Sohn frei macht, dann seid ihr recht frei.«

Jesus sagt, daß wir das Reich Gottes nicht sehen können, wenn wir nicht werden wie die Kinder. Je mehr ich ihm gegenüber zum Kind werde, desto fester wird meine eigene zentrale Überzeugung. So hat der Lernprozeß, mich in einem Glaubensgespräch loszulassen, nicht in erster Linie mit meiner Selbstbeherrschung zu tun, sondern mit der Gewißheit, daß der lebendige Gott sich selbst bezeugen will. Natürlich äußere ich meine Überzeugung, daß der Vater im Sohn sichtbar wird. Sie sind ja, wie Jesus sagte, eins. Aber wenn mir daraufhin jemand an die Kehle fahren will, dann kann ich heute lächeln und die Sache auf sich beruhen lassen.

So kommt für uns der Augenblick, wo wir schweigen und mit Beten beginnen müssen. Es ist dann weder die Kunst der Selbstbeherrschung noch die Fähigkeit, in allen Lebenslagen Gelassenheit zu zeigen. Es ist jenes Sich-selbst-Loslassen, um Gott eine Chance einzuräumen.

Sich in einem religiösen Gespräch selbst loszulassen, bedeutet nicht, im Glaubenseifer nachzulassen oder sich zu weigern, über seinen Glauben zu sprechen. Es heißt vielmehr, sich der Macht Jesu Christi so sicher sein, daß man mit seinem persönlichen Eingreifen rechnet — nicht nur, wenn es um die Überzeugung des anderen Menschen geht, sondern auch, wenn es um unsere eigene Gewißheit geht.

Mit ihrem alten Ich können Christen sich streiten — über die Taufe, die Bibel, ewiges Heil, Frauen auf der Kanzel usw. usw. Damit rücken sie die Tatsache, daß Jesus Christus die Mitte des Glaubens ist, an den Rand.

Aber religiöse Meinungsverschiedenheiten sind nicht die einzige Stelle, wo wir darauf achten müssen, daß Jesus im Mittelpunkt bleibt. Bei allen menschlichen Unterschieden und Andersartigkeiten ist seine Gegenwart wichtig. Es ist nicht unbedingt nötig, daß sein Name fällt, aber im Geist, in der Haltung des Herzens muß man ihn spüren können.

Der Christ im politischen Streitgespräch

Manchmal flammen die persönlichen Gefühle noch stärker auf, drängt sich das Ich noch mehr hervor, wenn es um politische Ansichten geht. Muß Christus auch in unseren politischen Meinungsverschiedenheiten im Mittelpunkt stehen?

Ich bin der Meinung, es wäre besser, wenn er dort wäre — durch uns als Prise Salz. Denn politische Überzeugungstreue entspringt keiner einheitlichen Quelle, wie das beim Glauben der Fall ist. Deshalb müssen wir hier besonders wach sein.

Bis ich begann, selbständig zu denken, und beeinflußt wurde von dem, was ich um mich herum in unserer Gesellschaft sah, stimmte ich für die Parteilinie meines Vaters. Er und meine Mutter waren Mitglieder der Republikanischen Partei.

Als ich dies schrieb, war Jimmy Carter Präsident. Ich vertraute ihm. Nicht weil er auch aus Georgia stammt, sondern weil ich die Gelegenheit hatte, ihn zu beobachten, als er noch Gouverneur von Georgia war. Die Kraft seines christlichen Glaubens, seines eigenständigen Geistes, seiner verantwortlichen Gesinnung beeindruckte mich. Wenn ich etwas zu beanstanden hätte, dann, daß er für meinen Geschmack ein bißchen zu konservativ ist. Wenn ihm nun meine Freunde kein Vertrauen schenkten, sie ihn abschieben wollten, war es nicht leicht für mich. Ob ich dann stillschweigend dabeisaß? Natürlich nicht. Ich sagte meine Meinung. Aber ich gab mir Mühe (und manchmal hatte ich Erfolg dabei), mich auf meine Freunde im Norden und Süden, im Osten und Westen, die ihn aus irgendwelchen Gründen nicht mögen, einzustellen.

Ob es mir leid tun würde, einen Freund, von dem ich es nicht wußte, politisch auf der anderen Seite zu entdecken? Nein. Gerade kürzlich erst besuchten uns zwei meiner ältesten und besten Freunde für ein Wochenende. Ich ließ mich in der gewohnten positiven Weise über Präsident Carter hören, wobei ich fest damit rechnete, daß sie politisch die gleiche Linie vertraten. Dem war aber nicht so, und plötzlich fiel die Stille wie ein Hammerschlag in mein Wohnzimmer hinein. Ich gebe zu, daß ich einen kurzen inneren Kampf ausfocht. Für etwa 30 Sekunden oder ein bißchen länger hatte ich mich und meine dumme politische Philosophie nicht loslassen können. Dann, dem Himmel sei Dank, hatte ich es geschafft. Während der restlichen Zeit des Besuches konnten wir herzhaft lachen und machten in beiden Richtungen Scherze über unsere verschiedenen Standpunkte.

Auch mein Bruder und ich stehen politisch auf verschiedenen Standpunkten. Ich befürworte, was er heftig ablehnt. Aber Joe und ich lieben uns und können uns eine Stunde lang über diese Streitfrage unterhalten und uns am Ende so fröhlich umarmen wie in den alten Tagen, als wir noch unter dem großen Walnußbaum im Garten hinter dem Haus spielten. Liebe — und Gott ist Liebe — macht es uns beiden möglich, uns selbst loszulassen, auch wenn wir nicht einer Meinung sind.

Die Balance

Wenn ich an tief verankerte christliche Hingabe denke, stehen mir Ausgeglichenheit und geistig-geistliche Gesundheit vor Augen. Jesus Christus, der durch und durch heilig war, war auch geistig-geistlich durch und durch gesund. Ich glaube das. Es gibt keine Ausgeglichenheit ohne diese Gesundheit. Und es gibt keine dauerhafte, zuverlässige und nicht streitsüchtige Liebe — das ist in meinen Augen Gesundheit — ohne Ausgeglichenheit.

Sie haben in Streitfragen jeder Art das Recht auf eine eigene Meinung. Ich auch. Aber Sie sollten mich auch dann lieben, wenn ich Ihnen nicht zustimme, denn ich brauche Ihre Liebe. Und ich muß Sie lieben, auch wenn Sie mir nicht zustimmen, weil auch Sie meine Liebe brauchen.

Ganz allmählich habe ich diese Freiheit entdeckt, auch bei unterschiedlichen Standpunkten lieben zu können. Das lernen wir alle langsam. Wir können dem aber ein bißchen nachhelfen, indem wir unser selbstsüchtiges, eigensinniges Ich auf die Seite schieben und Gott erlauben, die Mitte unseres Lebens einzunehmen. Er weiß, daß er dort regieren muß, wenn wir uns des Friedens erfreuen sollen, von dem er sagt: »Den Frieden lasse ich euch, meinen Frieden gebe ich euch. Nicht gebe ich, wie die Welt gibt.«

Warum sind wir dann oft so zerrissen, obwohl wir diesen Frieden von Gott haben? Die Antwort ist so einfach, daß wir sie leicht übersehen: Zum Frieden gehört die Liebe. Es gibt keinen Frieden außerhalb von Gott, und Gott ist Liebe. Darum verließ er die Jünger — »Es ist gut für euch, daß ich fortgehe...« — damit er in uns, seinen Jüngern, wohnen könne und wir auf diese Weise Frieden haben und verbreiten sollten.

Er muß im Zentrum stehen. Nicht unsere so kostbaren Meinungen, sondern Christus. Der Schreiber des Römerbriefes faßt diese Wahrheit so zusammen: »Trachtet nicht nach hohen Dingen, sondern haltet euch herunter zu den Niedrigen. Haltet euch nicht selbst für klug. . . haltet Frieden mit jedermann.« *Jedermann.* Auch mit denen, die nicht mit uns übereinstimmen. Gerade mit denen.

An dieser Stelle läßt sich manches lernen. Unsere innere Freiheit ist ein unmittelbares Ergebnis der Fähigkeit, Menschen auch bei unterschiedlichen Meinungen zu lieben. Liebe bleibt die letzte Antwort.

7. Laß dich los — in Krankheit und Kummer

»In tiefer Trauer — die Hinterbliebenen«

Zuerst möchte ich herausstellen, daß »Familie«, wie ich das Wort gebrauche, nicht unbedingt auf Blutsverwandte begrenzt ist. Gott stellt uns oft in Familien hinein, ohne daß wir hineingeboren wurden. Solche Beziehungen können sogar viel intensiver als blutsmäßige sein, weil Gott uns erlaubt, die Glieder dieser Familie selbst auszuwählen. Eine treue und verständnisvolle Freundin schließen wir viel tiefer ins Herz als eine selbstsüchtige, nörglerische Schwester oder herrschsüchtige Eltern. Ich hatte eine Mutter, die mich verstand, die sich selbstlos um mein Wohl sorgte, und einen liebevollen Bruder. Das ist aber nicht in jeder Familie so.

Aber weshalb trauern wir überhaupt? Weil wir dem Sterbenden den Himmel nicht gönnen? Nein, sondern wir fühlen uns beraubt, wenn ein geliebter Mensch von uns geht. Das beginnt bei dem Abbruch simpler Gewohnheiten — wie schwer fällt uns gerade dann der Verlust, wenn der Platz am Frühstückstisch leer bleibt oder eine geliebte Stimme unter einer bestimmten Telefonnummer nicht mehr erreichbar ist! Wir trauern doch nicht ihretwegen — ihr Leben ist vollendet. Unser Kummer gilt uns selbst. Wenn wir aufrichtig sind, müssen wir zugeben, daß das meistens der Fall ist. Ich glaube kaum, daß Jesus beim Tode des Lazarus weinte, weil er sich um Lazarus sorgte. Wenn jemals einer über diese Erde ging, der Gewißheit über die Fortdauer des Lebens nach dem physischen Tode hatte, dann war es Jesus. Er weinte um seiner selbst willen. Es war ein natürlicher menschlicher Kummer über den persönlichen Verlust eines Freundes.

Oswald Chambers schreibt in seinem bekannten Buch »Mein Äußerstes für sein Höchstes« (Machen Sie es nicht so wie ich oft — daß Sie das Zitat überspringen. Lesen Sie es. Lesen Sie es mehr als einmal, und dann denken Sie eine Zeitlang darüber nach. Ich habe es gerade heute wieder getan.):

> *Der Gewinn unseres Selbst im Feuer des Leides*
>
> »Was soll ich sagen? Vater, hilf mir aus dieser Stunde? Doch darum bin ich in diese Stunde gekommen. Vater, verkläre deinen Namen!« Johannes 12, 27.28.

Als Heiliger habe ich nicht darum zu bitten, daß Sorgen und Schwierigkeiten von mir abgewendet werden, sondern daß ich durch alle Feuerproben des Leides hindurch das Selbst bewahren möge, welches zu sein Gott mich erschaffen hat. Unser Herr empfing sich selbst im Feuer des Leides; er wurde nicht *vor* dieser Stunde errettet, sondern *aus* dieser Stunde.

Wir sagen, daß es kein Leid geben sollte; aber das Leid *ist* da, und wir müssen in seinem Feuer uns selbst empfangen. Wenn wir versuchen, uns dem Leid zu entziehen, und uns weigern, damit zu rechnen, sind wir töricht. Das Leid ist einer der stärksten Faktoren in unserem Leben; es nützt nichts, zu behaupten, daß es nicht da sein sollte. Sünde und Kummer und Leid *sind* da, und es geziemt sich nicht zu sagen, daß Gott einen Fehler begangen habe, indem er sie zuließ.

Das Leid verbrennt einen großen Teil der oberflächlichen Eigenschaften eines Menschen; aber es macht ihn nicht in jedem Fall besser. Entweder gibt das Leid mir mein Selbst, oder es vernichtet mich. Du kannst dein Selbst nicht im Erfolg empfangen, denn der Erfolg steigt dir zu Kopfe; du kannst dein Selbst nicht in einem ruhigen, eintönigen Leben empfangen, weil du murrst und unzufrieden bist; du findest dein Selbst einzig im Feuer des Leides. Weshalb es so ist, das ist eine andere Frage; aber daß es so ist, das findet seine Bestätigung in der Heiligen Schrift und auch in der menschlichen Erfahrung. Du kannst es immer wahrnehmen, wenn ein Mensch durch das Feuer des Leides hindurchgegangen ist und sein Selbst empfangen hat; du bist sicher, daß du zu ihm gehen kannst, wenn du in Bedrängnis bist, und wirst sehen, daß er unbegrenzt Zeit für dich haben wird. Wenn ein Mensch nicht durch das Feuer des Leides hindurchgegangen ist, wird er leicht hochmütig; er hat keine Zeit für dich. Wenn du dein Selbst im Feuer des Leides empfangen hast, dann wird Gott dich zum Brot für andere Menschen machen.«

Sollten Sie sich zur Zeit im Feuer des Leides befinden, dann höre ich Sie im Geist sagen — oder wenigstens denken —: »Wer möchte schon Brot für andere sein? Ich möchte meinen Angehörigen zurück haben!« Oder »Ich wünschte mir den geliebten Menschen wieder gesund und stark wie früher — nicht dieses schwache hilflose Wrack, das da im Bett liegt und sich bei der kleinsten Sache nicht mehr helfen kann.«

Verdammen Sie sich selbst nicht, wenn Sie schon einmal so gedacht haben. Das ist sehr menschlich. Wir können es aber auch von Gottes Standpunkt aus zu sehen versuchen, Gottes Hand in alledem sehen. Wir können uns auf die Worte Jesu besinnen, der uns nicht lehrt, uns selbst zu übersehen oder bis zur Selbstzerstörung auf uns herumzutrampeln. Er sagt uns vielmehr, daß wir das Leben finden, indem wir uns verlieren — uns aufgeben — durch das Loslassen unseres Ich in seine Hände hinein.

Das Entweder-Oder des Leides

Er sagte auch nicht, daß wir uns selbst nicht lieben dürften. »Du sollst deinen Nächsten *lieben wie dich selbst.*« Was Gott mißbilligt, ist das Sich-selbst-Verhätscheln, das Selbstmitleid. Gott mißbilligt das, weil er als unser Schöpfer besser als irgendein anderer weiß, was uns gut ist und was uns schadet. Nach seinen eigenen Worten kam er auf diese Erde, damit wir ein reicheres Leben haben sollten — nicht ein zwanghaftes, halberstickte Leben von »das darfst du« und »das darfst du nicht«. In mancher Hinsicht ist unsere Zeit eine schreckliche. Wie die Umweltschützer schon jetzt Gewässer und Luft vergiftet und den Erstickungstod vor Augen sehen, so meine auch ich manchmal, ein schwerer Mantel sei mir über den Kopf gestülpt worden, der alle frische Luft abhält. Und trotzdem — selbst die schlimme Verweichlichung unserer Zeit wird von dem großen Erlösergott gebraucht, der nichts zerstört und vergeudet, wenn wir ihm nur halbwegs eine Chance einräumen. Wir Menschen wagen es nur immer noch nicht zu glauben, wie gründlich Gott alle Dinge zum Besten benutzen will für diejenigen, die ihn lieben.

Als mein Buch herauskam »Keine Patent-Antworten«, das sich mit den Tatsachen des Leides und der Trauer befaßt, waren die meisten Menschen an dem Thema nicht sehr interessiert. Viele hatten nicht den Mut, es zu verschenken, da sie fürchteten, es könnte die Empfänger verletzen. Inzwischen ist eine Flut von vielgelesenen Büchern über Tod, Leid, Krankheit herausgekommen. Solche Bücher sind heute »in«. Sie werden verkauft, weil wir, die Leser, heute eher den Tatsachen des Lebens ins Gesicht sehen.

Krankheit und Tod gehören nun mal zum Leben. Wo auch immer der Grund für dieses neue Interesse zu finden ist — Gott gebraucht es, um uns auf diesem lebenswichtigen Gebiet von Oberflächlichkeit zu heilen.

Ich zitiere nochmal Oswald Chambers: »Das Leid verbrennt einen großen Teil der oberflächlichen Eigenschaften des Menschen; aber es macht ihn nicht in jedem Fall besser. Entweder gibt das Leid mir mein Selbst, oder es vernichtet mich.«

Erlauben wir den Lebensumständen, uns unser Selbst zu geben, indem wir uns in eben diesen Umständen ganz loslassen? Ja. Das ist etwas von dem, was Jesus meinte, als er uns ermahnte, unser Leben zu verlieren, um es wieder zu finden. Wir haben also die Wahl. Entweder können wir unser Selbst im tiefen Schacht des Selbstmitleids zerstören, oder wir können es finden, indem wir unser sich wehrendes Ich an Gott verlieren.

Es gibt Leser, denen erscheint Oswald Chambers zu hart. Aber er war nur Realist. »Wir sagen, daß es kein Leid geben sollte; aber das Leid ist da... Wenn wir versuchen, uns dem Leid zu entziehen und uns weigern, damit zu rechnen, sind wir töricht.« Hart? Nein — freundlich, weil letztlich nur Aufrichtigkeit hilft.

Denn das Leid — tiefes brennendes Leid, wie es auch immer aussehen mag — zerstört uns nicht, wenn wir für Gott offen sind. Es zerschlägt nur die Oberfläche unseres Wesens. Es ist Freundlichkeit, Güte, wenn diese selbstgezimmerte Schutzvorrichtung Oberflächlichkeit in den Feuern des Leides abbrennt, damit wir unser Selbst finden. Ich glaube, wenn wir einander diese Freundlichkeit Gottes sehen helfen, werden wir Heilung erleben. Nörgeln über die Einförmigkeit des Lebens, Prahlen im Erfolg machen uns nicht freundlich. Sie verschließen unser verzärteltes Ich in enge, kleine Schubkästen. Aber wenn wir Gott erlaubt haben, mit Hilfe des Leides unsere Geringschätzung anderer und die eigene Überheblichkeit wegzuschmelzen, werden wir nützlicher, empfindsamer, offener, verwundbarer. Gibt es in der menschlichen Geschichte etwas Ungeschützteres als Christus am Kreuz, diejenigen segnend, die ihn dort hingehängt hatten?

Brot für andere

Ein Feuer des Leides, durch das viele gehen, sind Tage schwerster Krankheit in der Familie. Die Arbeit muß trotzdem getan werden. Häufig eintönige, zermürbende, harte Arbeit, und keiner nimmt Rücksicht auf die durchwachten Nächte. Die Tage rinnen in einer Art verschwommenen Nebels dahin, und wir überlegen, ob es wohl jemals wieder anders wird. Die Mutter einer Freundin ist nach einem dritten Sturz für immer ans Bett gebunden. Die Freundin hat lange Jahre der Pflege ihrer Eltern hinter sich, und sie ist nicht mehr jung.

»Es wird einmal aufhören«, sagte ich. »Ich werde dafür beten, daß deine Mutter bald befreit wird, um heimzugehen.«

»Ja«, antwortete sie. »Ich fühle mich jetzt auch nicht mehr schuldig bei diesem Gebet. Die Arme ist jetzt so elend.«

Es gab einen Augenblick der Stille, und dann sagte ich: »Sie wird es gut haben.«

Meine Freundin antwortete: »Ich habe versucht, für die beiden zu sorgen, aber niemand kann es so gut, wie Jesus es kann.«

Da war auch nicht der leiseste Anflug von Selbstmitleid in ihrer Stimme. Den habe ich niemals festgestellt in all den Jahren. Und dann sagte sie mir einige ermutigende Dinge über meine Arbeit und gab mir noch ein paar frohmachende Einsichten.

Ich konnte nur noch an die Aussage Chambers denken: »Wenn du dein Selbst im Feuer des Leides empfangen hast, wird Gott dich zum Brot für andere Menschen machen.« Sie wurde mir zum Brot.

Eine andere Freundin lernt es noch, ihr Selbst aus den Feuern ihres Leides zu empfangen, das aus der langen Krankheit und dem Tod ihres Mannes herrührt und nun aus ihrer fast vollständigen Einsamkeit und eigenen Krankheit. Und wie verbringt sie ihre Zeit? Mit Beten, Nachdenken und Lesen. Sie sandte mir die Ergebnisse, damit ich sie in diesem Buch verwerten könnte. Sie ist für mich ein lebendes Beispiel für die Wahrheit des Satzes: »Wenn du dein Selbst in den Feuern des Leides empfangen hast, wird Gott dich zum Brot für andere Menschen machen.«

Alles, was bisher festgestellt wurde, alles, was Oswald Chambers schrieb, was Jesus Christus während seines Erdenlebens sagte, beruht auf der Tatsache, daß Gottes Gnade im *Gläubigen* zur Auswirkung kommt. Natürlich gibt es starke, beherrschte Naturen, die, wenn das Leid sie trifft, es fertigbringen, sich wieder zu erholen, auch ohne ein bewußtes Kennen Jesu. Harte Arbeit hilft — auch dem, der unter Gottes Gnade steht. Aber sein Selbst im Feuer des Leides finden ist etwas ganz anderes. Es ist auch nicht mit jener »Selbstfindung« zu verwechseln, der die psychologische »Selbstsuche« vorausgeht. Selbstfindung, dieser schwere, aber notwendige Akt, ist — nach der Bibel — ein Geschenk, das dem Leiden folgt, sobald wir unser ganzes Leben auf die Grundlage der Erlösung gestellt haben — das heißt, daß wir sterben, durch Gottes immer gegenwärtige Gnade uns selbst loslassen.

Die Versuchung, »Warum gerade ich?« zu schreien, wird nicht ausbleiben. Dann ist es gut, auf Jesus zu sehen. Er hat dort auf Golgatha alles vollendet, für jeden von uns. Und auch in dem von ihm vollbrachten Werk liegt der Beginn des neuen Lebens (des täglichen neuen Lebens) im Feuer des Leides. Kein Schriftsteller, kein Redner kann dies erklären.

Jesus selbst ist die Erklärung.

8. Laß dich los — bei Veränderungen

Lange Zeit habe ich still am Schreibtisch gesessen, bevor ich dieses Kapitel zu schreiben begann. Ein paarmal habe ich vor mich hingelächelt und gedacht: »Darüber könnte man ein ganzes Buch schreiben.« Ein Stirnrunzeln folgte dem Lächeln. Einige Veränderungen, die ich gerade erlebte, wollten mich bedrücken — und dann fiel mir ein, daß Veränderungen ja in die Erlösung einbezogen sind — wenn wir nur lernen loszulassen.

Wie werden sie bewältigt? Wie finden sich selbst Nachfolger Jesu in diesen Zeiten zurecht, wo sich vieles so plötzlich und von Grund auf verändert? Wie sind diejenigen, die ihre Dreißiger-, Vierziger-, Fünfziger-, Sechziger- und Siebzigerjahre durchlebt haben, mit den völlig unterschiedlichen Gegebenheiten des jeweiligen Jahrzehnts fertiggeworden? Ist es nicht normal, wenn man nach einem festen Standort sucht?

Wie war es doch vordem so schön!

Was kann man der guten Großmutter sagen, die in tiefster Verzweiflung über das ungezügelte Benehmen ihrer geliebten Enkelkinder ist? »Was ist los?« fragt diese aufgescheuchte Frau.

Wie werden wir mit unserem heimlichen Ärger fertig, wenn eine ehemals volle Packung Müsli aus dem Regal des Lebensmittelhändlers sich plötzlich als halb leer herausstellt — wobei ein neuer Vermerk auf der Packung uns darüber belehrt, daß der Inhalt vielleicht durch den Transport etwas zusammengefallen sein könnte? Wir schlucken Ärger und Selbstmitleid hinunter, wenn die Unternehmen ein überflüssiges Einkaufszentrum nach dem anderen bauen, wobei sie wunderbare Bäume fällen, die uns viele Jahre lang Schatten und Ruhe gespendet haben, und außerdem viele Morgen gutes Land in Straßen und Parkplätze verwandeln. Die großen Bäume fallen einer nach dem anderen, und der einstmals poröse, saugfähige Sandboden verwandelt sich mehr und mehr in betonierte Flächen.

Als ich die Insel St. Simons entdeckte, gab es hier weniger als dreitausend Menschen. Inzwischen hat sich die Bevölkerung vervierfacht. Für diejenigen, die dieses Fleckchen Erde von früher her kennen, ist es in vieler Hinsicht nicht mehr St. Simons Island.

Das, was man heute Lebensqualität nennt, ändert sich so schnell, daß ich einen Unterschied feststelle, so oft ich nur die Fredericastraße hinunterfahre, um einzukaufen. Die gepflegte Wildnis ist verschwunden. Joyce und ich haben hart gearbeitet, um unser jetziges Heim zu schaffen. Diese Insel schien, als wir sie 1961 entdeckten, genau der Platz zu sein, den wir seit langem gesucht hatten. Es gibt keine Möglichkeit, jene alten Tage zu vergessen, als das Licht in den Bäumen spielte, die Veilchen am Straßenrand blühten. Jetzt versuchen wir, den Stumpf der riesigen Eiche zu übersehen, die wir so geliebt hatten, die abgeholzten, verstümmelten Straßenränder, wo einmal Wildblumen in so verschwenderischer Fülle blühten.

Vielleicht wohnen Sie in einem Stadtgebiet, wo ein Spaziergang bei Nacht — in manchen Fällen sogar am Tage — unmöglich ist. Ich kann mich noch gut an meine jungen Jahre in Chicago erinnern. Oft war ich bis spät in der Nacht auf einer Party gewesen oder hatte geschrieben. Dann dachte ich mir nichts dabei, um zwei Uhr morgens mit meinem Hund in der Allee spazieren zu gehen. Ich war völlig sorglos, und es geschah auch nichts. Doch was fange ich mit diesen Erinnerungen an?

Was ist aus den Träumen Ihrer Jugend geworden, als Sie dies und jenes verändern wollten — wie sieht es jetzt aus, da Sie inzwischen sechzig sind? Haben Sie aufgegeben? Oder haben die Veränderungen Sie so überrollt, daß Sie sich heute verloren vorkommen, wie ein Boot ohne Steuer und Ruder? Oder sind Sie ruhig geworden und haben beschlossen, sich dem, was Ihre Angehörigen und alle anderen tun, anzupassen? Sollten Sie jetzt fünfunddreißig sein — haben Sie sich mit der Tatsache abgefunden, daß junge Leute von heute nicht mehr ihren Hals riskieren, um die Gesellschaft zu verändern?

Ich komme allmählich in das Alter, wo ich einige der Ängste und Verwicklungen und scheinbar unlösbare Probleme verstehe, die mit dem Altwerden zusammenhängen. Jeden Morgen muß ich zehn bis fünfzehn Minuten kräftig Gymnastik treiben, um die Knoten aus meinen Muskeln zu bekommen. Als ich sie dem Arzt zeigte, lachte er bloß. »Oh, das ist nur ein kleiner Anflug von Rheumatismus.« Rheumatismus? Das war ein Wort, das ich in all den vergangenen Jahren nur mit älteren Menschen in Verbindung gebracht hatte. Meine Großmutter hatte immer damit zu tun. Aber sie war alt. Doch als ich die Jahre rückwärts zu zählen begann, stellte ich fest, daß sie ihn besonders schmerzhaft gehabt hatte, als sie noch in den Fünfzigern war!

Wie werden wir mit den wirtschaftlichen Veränderungen fertig? Denken Sie manchmal an die Zeit zurück, wo ein Bogen mit sechzig Briefmarken noch 12,— DM kostete? Wenn Sie jetzt sechzig Briefmarken haben wollen, müssen Sie 36.— DM auf den Tisch legen. Nächstes Jahr vielleicht noch mehr. Ich habe den bedauernden Gefühlen nicht allzu viel Raum gegeben, bis ich kürzlich einen Eilbrief an meine Freundin sandte, die nur über ein paar Sümpfe und Salzbäche hinweg in Brunswick wohnt, und der Brief erst einen Monat später ankam. An jenem Tag tat es mir um die hohen Postgebühren wirklich leid.

Meine Stromrechnung ist heute zweieinhalbmal so hoch wie die Kosten für Heizung und Kühlanlage des gleichen Hauses vor fünf Jahren. Die Lebensmittelpreise sind ins Unendliche gestiegen, mein Konto auf der Bank ist in eben dem Maße eingeschrumpft.

»In diesen Tagen habe ich eine Menge über Gott gelernt«, schrieb mir eine ältere, alleinstehende Frau vor kurzem. »Ich bin dankbar, daß ich noch auf eigenen Füßen zum Einkaufszentrum humpeln kann, und dankbar, daß ich immer gerne Makkaroni und Reis gegessen habe. Damit läßt sich eine Mahlzeit gut verlängern. Mit Hilfe dieser gesegneten 'Strecker' kann ich mit einem halben Pfund Fleisch fast eine Woche auskommen. Ich brauche mich ja nur um die Ernährung einer alten Frau zu kümmern, aber ich bedaure die Frauen, die große Familien zu versorgen haben.«

Man kann es drehen und wenden...

Und da stoßen wir wieder auf ein Geheimnis: Ein Mensch, der im Vergleich mit den meisten anderen Mitleid verdient hätte, achtet nicht in erster Linie auf sich selbst. Nun mögen Sie sagen: das stimmt zwar, aber was ist das für eine deprimierende Lebensweise! Ich glaube, wir kommen nicht weiter, wenn wir die Belastung des einen mit der des anderen vergleichen. Wenn wir dagegen einmal all das Gute aufzählen, das uns geschenkt wurde, sieht die Sache plötzlich anders aus, und ich beschloß, sofort damit zu beginnen.

Ich war müde. Eine Viruserkrankung hatte mich vor ein paar Wochen erfaßt, und so war ich in einer depressiven Stimmung und mit bleierner Schwere in den Gliedern aufgewacht. Doch ich hatte noch nicht allzu viele Segnungen aufgezählt, da hellte sich meine

Stimmung schon auf. Und als ich mit meiner Gymnastik fertig war und meine alten Muskeln ein bißchen geschmeidiger waren, geriet ich bereits über die Knospen an den hohen Bäumen draußen vor meinem Fenster in Entzücken.

Aber es gibt Tage, wo das alles nichts nützt. Und diese Tage, das weiß ich wohl, haben hauptsächlich mit Veränderungen zu tun — mit einschneidenden und deprimierenden Veränderungen.

Meine Post beweist mir, daß es vielen so geht. Wir alle machen uns Sorgen — was wird, wenn die Arbeitslosenzahlen weiter steigen; wenn noch mehr Regierungen gestürzt und noch mehr Flüchtlinge unterwegs sind und Hilfe brauchen; wenn die Christen in noch mehr Ländern verfolgt werden; wie steht's mit der Sicherung der Renten, der Gesundheit... Falls Sie schon länger die beiden letzten Verse aus dem achten Kapitel des Römerbriefes nicht mehr gelesen haben — schauen Sie her: »Denn ich bin gewiß, daß weder Tod noch Leben, weder Engel noch Fürstentümer noch Gewalten, weder Hohes noch Tiefes, noch irgendeine andere Kreatur, uns zu scheiden vermag von der Liebe Gottes, die in Christus Jesus ist, unserem Herrn.« Und er, Jesus Christus, »ist derselbe gestern, heute und in Ewigkeit.«

Einige von Ihnen sagen jetzt sicher (besonders wenn Sie gerade einen schlechten Tag haben): »Das habe ich mir doch gedacht, daß sie mit so etwas kommen würde!«

Was sonst wäre da zu sagen? Man kann sich die Sache von allen Seiten ansehen — alles entscheidet sich an der Tatsache, daß Jesus Christus sich nicht verändert. Sich nicht verändern kann. Seinem Wesen nach. Er ist der Anfang und das Ende. Und wir sind in ihm.

Der rote Faden

Als ich heute aufwachte, fühlte ich mich ganz arm. Ich dachte an Jesus und sagte: »Ich bin matt, ich bin leer, ich brauche dich.« Er wußte schon so gut, was mich heute plagte, daß ich nicht viel bittende Worte brauchte. Was ich nötig hatte, war, mich selbst loszulassen in den Gefühlen, die mich beim Aufwachen erfüllten. Ich empfange nun nicht plötzlich eine starke Welle lebendigen Glaubens in mir. Das ist auch nicht erforderlich. Wir müssen nur — unabhängig von unseren Gefühlen und dem, was geschieht — etwas von diesem Gott wissen, dem wir folgen. Wir müssen ihn kennen, wie er wirklich ist.

Dieses Thema hat sich wie ein roter Faden durch mein ganzes Leben gezogen. Und das wird so bleiben, weil auf dieser Tatsache der Trost für alles menschliche Leben beruht. Man kann Gott kennen. Darum kam er auf die Erde. Und er wartet darauf, daß wir uns an ihn wenden.

Niemand weiß besser als er, wie negativ sich ein Wechsel der Umstände auf das menschliche Sein auswirkt. Nicht umsonst wurde ihm wie einem König zugejubelt, Blumen wurden ihm auf den Weg gestreut, als er in Jerusalem einzog — und eine Woche später schrie das gleiche Volk: »Kreuzige — kreuzige ihn!« Seine nächsten Freunde flohen, liefen um ihr eigenes Leben, dachten nur an sich selbst. Es scheint, als ob Jesus nur zweimal an sich selbst gedacht hätte: einmal im Garten Gethsemane, als er den Vater bat, daß er, der Sohn, wenn möglich den vor ihm liegenden Wechsel — Tod und Gottverlassenheit — nicht erdulden müßte — und dann am Kreuz, als er den Vater fragte, warum er ihn in seiner dunkelsten Stunde verlassen hätte. Dieser Jesus Christus, der aus eigener Erfahrung wußte, was es heißt, Mensch zu sein, sich vor Veränderungen zu fürchten, vor der Zukunft Angst zu haben, ist immer der erste, der unsere Ängste und Schrecken versteht. Aber in beiden Fällen, in denen er auf sich selbst sah, war er in seinem Herzen bereit, die Veränderung zu ertragen, wenn sich das als der Wille des Vaters herausstellen sollte.

Wir straucheln, wenn wir zu sehr mit dem Blick an uns selbst hängenbleiben und erwarten, daß der Vater uns aus allen Klemmen herausholt, unser Leben leichter macht, die »guten alten Tage« zurückbringt. Er möchte, daß wir seine Freunde *bleiben*, mitten in allem Geschehen, das uns betrifft.

Ich freue mich auf die große Veränderung

Mein Telefon hat geklingelt.

»Worüber schreibst du?« wurde ich gefragt.

Ich sagte, daß ich versuchte, ein Buch über die Freiheit zu schreiben, die ich gefunden hatte, als ich dazu überging, mich selbst an allen Engpässen meines Lebens loszulassen.

»Oh«, sagte der Anrufer, »aber gibt es nicht Zeiten, in denen wir zuerst an uns selbst denken müssen?«

Einen Augenblick dachte ich nach und sagte dann: »Ich glaube, unsere Vorstellungen haben immer etwas mit dem zu tun, was wir über Gott wissen. Gott ist Liebe in Person. Bei Jesus sehe ich, daß Liebe immer den Geliebten zuerst ansieht. Vielleicht«, so fügte ich noch hinzu, »ist es auch eine Frage des Ausdrucks.«

In gewisser Weise hatte er recht. Ich glaube, daß wir zu manchen Zeiten tatsächlich für uns selbst sprechen müssen. Und trotzdem haben wir es dann gleichzeitig verzweifelt nötig, mit der Weisheit Gottes zu rechnen und uns nicht auf unsere noch so guten menschlichen Einsichten zu verlassen. In besonnener Weise für sich selbst sprechen, heißt nicht unbedingt, sich selbst zu verteidigen, wenn wir die Aussage im Geist des einen machen, der sich niemals verteidigt hat — selbst dann nicht, als sich sein Schicksal völlig veränderte.

Und die Veränderung, die ihn traf, bedeutete den Wechsel vom Leben zum Tod, vom Leben in Gottes Gegenwart zum Sterben in Verlassenheit von Gott.

Dann traf ihn ein weiterer Wechsel: Vom Tod zum Leben. Das ist die Veränderung, auf die ich mich nun freue, denn danach gibt es keine Veränderung mehr und keinen Schatten von Wechsel. Das sagt die Bibel von Gott (Jakobus 1, 17). Deshalb müssen wir Gott kennen, um uns auf ihn freuen zu können. Ja, nur er allein ist keinem Wechsel unterworfen.

In gewisser Weise können wir dankbar sein für die Veränderungen, die uns aufregen und ärgern und verwunden und uns in Ängste und Verwirrung stürzen. Vielleicht wollte uns Paulus darauf aufmerksam machen, als er schrieb, daß wir in allen Dingen dankbar sein sollen. Wäre die einstmals so schöne baumbestandene Fredericastraße heute noch wie damals, würde ich allenfalls über ihre Schönheit nachdenken, wenn ich sie jetzt entlangfahre. Die häßliche Veränderung zwingt mich, an den Gott zu denken, dem ich nachfolge, der niemals anders sein wird und sein kann, als der Gott, der uns in Jesus Christus sichtbar wurde.

Als ich noch jung war und steife Muskeln am Morgen oder ein Schweregefühl über den Tag hin nicht kannte, hatte ich es nicht nötig, ihn um Kraft zu bitten. Ich hatte selbst genug. Ich kannte keinen Kummer und brauchte deshalb auch keinen Trost. Aber jetzt, wo sich in mir und außerhalb meiner Person alles ändert, fühle ich mich in die Enge getrieben. Aber die Enge kann hell und weit werden, wenn ich darin Gott begegne, der ja in meine Enge kommen will. Dann ist Freude da, die uns bis ins Mark trifft — das ist Gott! Und diese Freude verändert sich nie.

9. Laß dich los — in deinen Urteilen

»Ihr Mann ließ sie ihre eigenen Wege gehen, solange er auf dieser Erde lebte. Er wußte, daß es das einzige Mittel war, um den Frieden im Hause zu bewahren.« Der arme Mann hatte ein Urteil gefällt, das einigen, die ihn kannten, selbstlos erschien. Als er tot war, lernte ich seine Witwe kennen. Sie führt ein unruhiges Leben und zwingt jetzt andere, Verwandte und Freunde, zum Nachgeben, wie sie früher ihren Mann beherrschte. Es hat so lange geklappt, warum sollte sie nun damit aufhören?

Das große Vorbild

Jesus machte in seiner Lehre, seinem Leben und seinem Tod deutlich, daß wahre Liebe nicht nachgibt — sie gibt sich hin. Und darin bleibt sie fest. Er schenkte seine Liebe vom Kreuz aus denjenigen, die ihn dort angenagelt hatten, aber in keiner Weise gab er ihnen nach.

Es gibt in der Bibel endlos viele Aussagen über die Natur der Liebe Gottes in Christus. Die Liebe, die während seines ganzen Erdenlebens sein Gericht zurücktreten ließ. Die Liebe, die heute noch das Gericht Gottes aufhält. Die Liebe, die unser Denken und unsere Entscheidungen verändert, unsere kritischen Fähigkeiten schärft, unsere Besonnenheit und unseren Takt vertieft, wenn wir unsere eigenen Einsichten und Urteile durch sie korrigieren lassen.

Lassen Sie uns mit der Stelle der Bibel beginnen, die mir die schwierigste zu sein scheint: »Ihr habt gehört, daß gesagt ist: Du sollst deinen Nächsten lieben und deinen Feind hassen. Ich aber sage euch: 'Liebet eure Feinde; segnet, die euch fluchen; tut Gutes denen, die euch hassen; bittet für die, die euch beleidigen und verfolgen'.«

Das sagt Jesus!

Harte Worte? Allerdings. Und unmöglich zu erfüllen, soweit ich sehe, wenn nicht der Geist und die Gesinnung Christi in uns wirken.

Haben die Menschen diese Lehre jemals wirklich befolgt? Vielleicht sagen Sie: die Ermahnung ist praktisch nicht anwendbar. Das stimmt. Wenn praktische Gesichtspunkte ausreichten —

nützliche Überlegungen, aufgrund deren man an ein paar Beratungstischen die notwendigen Entscheidungen fällen könnte — dann hätte Jesus nicht zu sterben brauchen.

Am Kreuz machte er die Macht seiner Art Liebe deutlich. Er bat um Vergebung für seine Feinde, wobei sein Urteil über sie ins Schwarze traf. »Vater, vergib ihnen, denn *sie wissen nicht, was sie tun.*« Mit all ihrem Wissen und der drückenden Last ihrer religiösen Gesetze und der vermeintlichen Sicherheit ihres Urteils befanden sie sich in geistlicher Dunkelheit. Sie glaubten einfach nicht, daß Gott selbst dort hing in der Gestalt dieses jungen Mannes von Nazareth. Deshalb meinten sie (und er konnte in seinem gerechten Urteil diesen Standpunkt sehen und verstehen), Gott einen Gefallen damit zu tun, daß sie die Welt von diesem »Betrüger« befreiten, der beanspruchte, Gottes Sohn zu sein. Der den Sabbat »brach«, indem er die Leidenden heilte und die Blinden sehend machte. Der zum Heile der Menschheit am Sabbat arbeitete.

Jesus war in der Lage, für seine Feinde zu beten — die ihm fluchten, ihn haßten und ihn beleidigten —, weil er sie kannte. Und er wußte auch, wer er war. Er war unmittelbar vom Vater gekommen und in jeder Stunde seines irdischen Lebens in ungebrochener Gemeinschaft mit ihm geblieben. Weder über sich noch über seine Feinde täuschte er sich. Darum konnte sein Urteil vollkommen sein, es gründete sich auf vollkommene Liebe und äußerte sich in vollkommener Liebe.

Gott fand heraus, wie uns zu helfen ist

Was kann es uns helfen, wo wir doch nicht im Besitz der totalen Einsichten Gottes sind? Paulus sagt, daß wir Gottes Einsichten in uns wohnen lassen sollen. Er sagt nicht, daß wir uns abmühen und darum kämpfen und schließlich lernen sollen, die Einsichten (den Geist) Christi nachzuahmen. Ausdrücklich benutzt er die Worte: »Laßt diesen Geist in euch sein.« Und er meint damit, daß es wahr sei, wirklich wahr, daß Gott in seiner Weisheit und Liebe sich einen Weg ausdachte, um durch seinen Geist in uns zu sein. Wenn das neue Leben uns erfüllt, dann auch sein Geist.

Wie nutzen wir diese unschätzbare Gabe? Indem wir sie annehmen und anwenden natürlich. Das ist nichts Neues. Trotzdem gibt es Tausende von Christen, die diese Gabe Gottes mit Füßen treten. Sie wickeln sie in das Seidenpapier religiöser Moralität ein und verstecken sie tief unten in der Ecke einer dunklen Schublade — damit nichts drankommt.

Als eine alte Freundin gestorben war, fanden ihre staunenden Töchter haufenweise frühere Geburtstags- und Weihnachtsgeschenke sorgfältig eingepackt und ungebraucht weggeräumt. Mit Gottes Gaben verfuhr diese Christin anders: Sie besaß ein nahezu ungetrübtes Urteilsvermögen, den klaren Blick Gottes, wo es um Menschen ging. Selbst in ihrem hohen Alter konnte kein junger Mensch sie schockieren oder in Bestürzung versetzen. Sie sah ihn in seiner Situation: zu jung, zu unerfahren, zu wenig weise noch, um anders zu sein, als er war. Es gab Erwachsene, die sich ähnlich benahmen. Sie schwankte nicht in ihrem Urteil — aber auch nicht in ihrem eigenen, auf den Himmel gerichteten Kurs; denn sie nahm für alles, was sie tat und sagte, die reinigende Vergebung Christi in Anspruch. Diese alte Freundin war in ihrem täglichen Leben weise von Gott her. Aber diese unzähligen Schachteln mit Seife, Taschentüchern, Badesalz und Schürzen hatten bei ihr keine Chance.

Wenn es möglich ist (und wir haben Gottes Wort als Garantie dafür), daß wir in unserem Leben den Geist Christi in uns wirken lassen, dann gibt es Hoffnung für uns. Dann können wir nicht nur unserem eigenen Denken, unseren eigenen Erfahrungen, unseren eigenen Vorurteilen und Vorlieben folgen, sondern dann gelangen wir zu Gedanken und Urteilen, die schließlich dem Denken Jesu ähnlich werden.

Ist es Willkür von ihm, wenn er uns bittet, Menschen und Ereignisse von seiner Warte aus zu sehen? Will er uns nur etwas Fremdes überstülpen? Haben alle diejenigen recht, die sagen oder schreiben, daß der Weg eines Christen ein Weg der Selbstverneinung sei?

Am Anfang ist dieser Weg zwar wirklich schwierig, denn er ist schmal. Da gibt es keinen Platz für den Eigenwillen, für menschliche Moralität, für gute Werke, sondern nur für das offene reuige Herz. Aber danach — ja, dann weitet sich der Weg. Er weitet sich, weil alles, was Gott uns zu tun heißt, zum Guten ist. Gott kommandiert uns nicht dazu, Gutes zu tun. Er *ist* gut, und sein Geist in uns tut das Gute — uns und anderen zum Besten.

Warum nutzen wir einander aus?

Ich erinnere mich an zwei besonders heikle Situationen, in denen ich nicht nur ausgenutzt, sondern regelrecht von zwei Gruppen von »Feinden« verfolgt wurde. Damals entschied ich mich, auszuprobieren, was Jesus befohlen hatte: Ich ließ mich los, sah nicht mehr auf mich, hörte auf, von einem Freund zum andern zu rennen und meine kostbare Geschichte von schlechter Behandlung zu erzählen, um Mitleid zu erwecken — nein, ich wurde willig zu lernen, wie man für solche Feinde betet und sie liebt. Und das half.

Ich kam sogar an einen Punkt — vielleicht war es genau der Punkt, wo es mir gelang, mich selbst in der ganzen Sache radikal loszulassen — da war das Leben und Beten gar nicht mehr schwer.

Menschen, die uns ausnutzen, müssen nicht immer Fremde oder von vornherein Feinde sein. Kinder nutzen zum Beispiel ihre Eltern aus. Eltern nutzen auch manchmal ihre Kinder aus. Freunde nutzen ihre Freunde aus. Eine der heimtückischsten Versuchungen für uns alle besteht, so glaube ich, darin, einen Freund auszunutzen, ohne ihn wissen zu lassen, daß man es tut. Wir bemänteln unser Handeln dann mit scheinbarer Liebenswürdigkeit.

Ein sonst anständiger und selbstloser Mann konnte nicht mit seiner Schwiegermutter fertigwerden, die in seinem Hause zu Besuch war. Dazu benutzte er dann einen Freund, den er regelmäßig einlud, wenn es gefährlich zu werden drohte. In Gegenwart dieses Freundes von draußen benahm sich die schwierige Verwandte plötzlich vernünftig. Das Nörgeln und Abwerten des Schwiegersohnes hörte mit einemmal auf.

Milde gesagt — wir nutzen die halbe Zeit unseres Lebens andere Menschen aus, ohne uns darüber Rechenschaft zu geben.

Wir sollen niemanden ausnutzen. Auch die schwierigen Menschen sollen wir lieben, für sie beten und ihnen helfen, sich durch unsere Taten der Liebe selbst zu erkennen und zu verändern. Und das alles soll durch die Kraft des Geistes Christi geschehen, der in uns wohnt. Wenn wir einmal an diesen Punkt gekommen sind, gelingt uns vielleicht sogar ein kleines Lächeln, wenn Menschen uns bedrücken.

Warum ist das so? Weil Gott kein Tyrann ist. Was immer er uns zu tun heißt (und wozu er uns dann ermächtigt), das hat Erfolg. Das Leben ist dann weniger anstrengend, wir werden leichter damit fertig und freier zum Handeln.

Wie wir zu klarem Urteil kommen

Ich habe meine Feinde nicht zu richten. Vielmehr soll ich dem Geist Christi in mir das Urteil überlassen. Nur er weiß, was uns verletzt, was unsern Blick unscharf macht. Nur er weiß, was unsere Feinde verletzt und ihre Schau trübt — Feinde, die uns beleidigen und verfolgen. Und nur er kann uns helfen, sie zu segnen und für sie zu bitten.

Wie weit berührt uns das alles nun in anderen Entscheidungen, die das Leben von uns fordert? Wie weit wird unser soziales Gewissen davon beeinflußt, wenn wir uns selbst loslassen und den Geist Christi durch uns urteilen lassen?

Offen gesagt: die meisten von uns treten hier auf der Stelle. Die meisten Christen vertreten politische und soziale Belange stur von dem eigenen Platz auf der sozialen Stufenleiter aus: Die Schwarzen unterstützen den Kandidaten, der verspricht, das meiste für sie zu tun. Die Arbeiterpartei macht es genauso, die große Geschäftswelt auch und die Steuerzahler ebenfalls.

Lassen Sie uns ein aktuelles Beispiel nehmen. Lehnen Sie Wohlfahrtsprogramme ab, weil damit Ihre eigene Einkommensteuer steigt? Ich spreche nicht über die vielen Dinge, die in unserem gegenwärtigen Wohlfahrtssystem offensichtlich falsch und unwirksam und hemmend sind. Hier geht es um Grundsätzliches. Fühlen Sie sich als verantwortlicher Jünger, der seine Rechnungen und Steuern pünktlich bezahlt, und wünschen Sie denen den Steuerfahnder auf den Hals, die es nicht tun? Bedauern Sie die Höhe Ihrer Steuergelder, mit denen den Bedürftigen geholfen werden soll? Haben Sie sich selbst die Überzeugung zugelegt, daß jeder, der wirklich arbeiten will, auch arbeiten könne? Gibt es keine Daseinsberechtigung für solche, die einfach nirgendwohin passen, die wirklich Armen und Unterprivilegierten? Wirkt das Wort »asozial« wie ein rotes Tuch auf Ihr Denken?

Was sagte Jesus auf diesem Gebiet?

»Gib dem, der dich bittet, und wende dich nicht von dem, der von dir borgen will.«

Er sagte sogar, daß wir unseren Mantel weggeben sollen. Meinte er all das wirklich? O ja. Diesen erstaunlichen, vielleicht sogar schockierenden Aussagen liegt ein starkes Prinzip zugrunde, das mit dem wahren Charakter des Geistes Jesu Christi zusammenhängt.

Natürlich meinte er nicht, wir sollten alle unsere Kleider abgeben und dann selbst nackt herumlaufen. Wir sollen geben, aus seinem Reichtum geben, und auch das hat immer etwas mit Urteilen und Beurteilen zu tun. Jesus hat das Recht, von uns ein qualitativ gutes Urteil über die jeweilige Situation zu erwarten.

Der Wert unseres Urteils hängt unmittelbar mit einem anderen Wort Jesu zusammen: Was wir auch immer für einen der kleinsten, der unwichtigsten, unansehnlichsten und streitsüchtigsten Menschen täten, das hätten wir für ihn getan. Wir verstehen es nur sehr schwer, daß er alle die Menschen liebt, von denen wir uns abwenden — daß er sie ebenso sehr liebt wie uns.

Ausgewogene Entscheidungen bei der Freizeitgestaltung

Und wie sieht es mit unserem Urteil aus, dem positiven und dem negativen, wo es um unsere berufliche Arbeit geht? Um unser tägliches Leben? Schon das Planen eines Tagesablaufs kann heute ein Trauma sein. Und beim Ausführen unserer Pläne landen wir dann unter Umständen im Chaos oder in totaler Erschöpfung. Liegen wir falsch im Urteil über unsere eigene Kraft? Liegen wir genauso falsch im Urteil über unsere Bedürfnisse? Es gibt wunderbare Menschen, deren Tagesplan sich um das feierabendliche Golfspiel dreht. Oder die sich Tag für Tag auf dem Tennisplatz bewegen. Ob das unbedingt falsch ist? Nein. Aber von meinem vielleicht engen Standpunkt aus überlege ich mir, wie nach der Erledigung beruflicher und familiärer Pflichten außerdem dann noch genug Zeit für Gott vorhanden sein kann — fürs Lesen, für Krankenbesuche usw. Wenn eine so hohe Stundenzahl täglich nur der Erholung gewidmet wird, kann für anderes kaum mehr viel herauskommen — oder? Vermutlich falle ich auf der anderen Seite vom Pferd. Ich bin kein Freund von körperlichen Bewegungen. Wenn ich nicht gerade beim Schreiben bin, lese ich ein Buch. Weder am Tennisspielen noch am Lesen eines Buches ist etwas Falsches. Beides ist wichtig, beides an seinem Platz wertvoll. Aber die Worte Jesu sind unüberhörbar, wenn wir unsere Arbeit und unser Vergnügen planen: »Was ihr auch getan habt einem dieser Geringsten, das habt ihr mir getan.« Zeit, die wir uns selbst abziehen und einem Menschen in Not widmen, ist Zeit, in der wir Gott ehren.

An diesem Punkt liege ich mit meinem Urteil oft falsch. Ich lese lieber ein Buch, als daß ich ein Pflegeheim besuche oder einen Brief an eine einsame, hilfsbedürftige Person schreibe.

Die meisten Menschen haben Gottes Maßstäbe beim Vorausplanen dringend nötig. Vor allem diejenigen in verantwortlichen Positionen, wo man im allgemeinen eine gewisse Freiheit hat, sich die Stunden des Tages einzuteilen. Das gilt in besonderem Maße in Berufen wie dem meinen. Hier kann ich von einigem Erfolg sprechen: seit ich Christ bin, habe ich meist Überstunden gemacht. Ich war »arbeitswütig«, wie man mit lächerlichem Stolz sagt. In jedem von uns steckt doch so ein Stück von einem Puritaner. Solange ich Christus nicht begegnet war, hatte ich überhaupt kein Maß, wenn es um meine Arbeit ging. Nachdem ich ihn kennengelernt hatte, als junger Christ, übertrieb ich's nach der anderen Seite. Ich fühle mich zwar wirklich am wohlsten, wenn ich mitten in einem schriftstellerischen Projekt bin, aber nachdem ich die Lebensbeschreibung anderer Autoren gelesen hatte, merkte ich, daß sich nur wenige so daran festbissen wie ich. Der Geist Christi begann an mir zu arbeiten, und ich stellte fest, daß ich oft sehr selbstgefällig von meinem harten Arbeiten geredet hatte. Jetzt lerne ich (es ist ein langer Weg gewesen in all den Jahren), mir Gesetze aufzuerlegen, bestimmte Dinge auszusparen — Zeit zum Lesen, Zeit zum Spielen — jeden Tag. Eine meiner persönlichen Schwierigkeiten besteht darin, daß ich an keiner Entspannung Freude habe, außer an anregender Unterhaltung, dem intensiven Hören von Musik (ich hasse Hintergrundmusik mit Geplauder im Vordergrund) und dem Lesen von Büchern. Es ist nichts Unrechtes an meinen drei Lieblingsbeschäftigungen — außer daß es dabei keinerlei physische Bewegung gibt. So bin ich gezwungen — und ohne Zwang geht es nicht —, mir eine Decke zu nehmen und wenigstens zwei gute kraftfordernde Gymnastikprogramme jeden Tag durchzutrainieren. Vielleicht ist das nicht genug, aber für mich ist es schon ein Fortschritt.

Viele Entscheidungen, die wir im Hinblick auf unsere Arbeit treffen, basieren auf unserem Bedürfnis (oder unserm Wunsch) zu fliehen. Es ist zwar nicht schlimm, wenn wir auch mal einer Sache ausweichen. Aber allzu viel Flucht in die Arbeit, in endlose Fernsehprogramme, in Romane, Golf, Tennis oder sonst etwas — so gut die Ersatzbetätigungen auch sein mögen — bringt uns aus dem Gleichgewicht.

Gleichgewicht — Ausgeglichenheit — Ausgewogenheit — Ruhe — Gelassenheit —

Gleichgewicht ist das Endergebnis, wenn wir uns den Maßstab Christi anlegen und wir uns von Christi Geist regieren lassen.

»Ich sitze jeden Tag vor dem Fernseher«, schrieb mir eine junge Frau, »und dann muß ich am späten Nachmittag wie eine Verrückte herumflitzen, um die Betten zu machen, das Frühstücksgeschirr zu spülen und das Mittagessen fertig zu bekommen, und am Ende stecke ich mitten in den Vorbereitungen fürs Abendessen, wenn mein Mann von der Arbeit nach Hause kommt.«

Flucht. Mangel an Gleichgewicht. Sie bereitet jedem neuen Tag selbst ein chaotisches, schreckliches Ende.

»Laßt den Geist Christi reichlich unter euch wohnen!«

Einerlei, wie sehr Sie die Hausarbeit hassen und das Fernsehen lieben, Sie können sich auch im Planen eines Tages loslassen und einen Versuch zur Verwirklichung machen. Einerlei, wie unangenehm mir körperliches Training ist, ich kann mich dazu zwingen, einen belebenden Spaziergang zu machen oder ein zusätzliches Gymnastikprogramm einzulegen. Wenn ich das getan habe, macht mir das Buch, das ich lese, viel mehr Freude.

Mein Gewissen ist dann unbelastet. Und meine Maßstäbe, meine Urteilsfähigkeit sind gefestigt worden.

10. Laß dich los — um zu wachsen

Selbsterkenntnis kann kein Selbstzweck sein

Niemand kennt uns jemals so gut wie Gott. Niemand anderes könnte auch ein solches Wissen ertragen — im guten und im schlechten. Aber wir schulden es uns selbst und Gott, daß wir uns so weit wie möglich über uns und unsere eigenen Motive klarwerden. Und doch, wenn wir das ernstnehmen und uns einer unbarmherzig gründlichen Selbstprüfung unterziehen, gehen wir unter. Vor allem deshalb, weil alles, was wir eine Zeitlang tun, zur Gewohnheit wird, und daß wir dann konsequent bemüht sind, alle anderen auszuschließen, auch Gott.

Ich gebe zu, daß uns auch viele religiöse Bücher in diese Richtung treiben und noch mehr die populären Bestseller, die auf die eine oder andere Weise zur Konfrontation mit unserem Innern herausfordern. Auch hier haben wir das Gleichgewicht verzweifelt nötig. Gleichgewicht, um uns selbst zu erkennen und uns doch loszulassen, damit wir weiterwachsen können.

Mangel an Selbsterkenntnis ist keine Tugend. Wenn Selbsterkenntnis zum Selbstzweck wird, ist es mit der Tugend ebenfalls vorbei:

Die Bibel erzählt uns viel davon, daß das Herz arglistig ist in allen Dingen... »wer kann es verstehen?« Mit anderen Worten: wer kennt unser Herz durch und durch — außer Gott? Es stimmt zwar, daß Einsicht schon ein Stück weiterhilft. Ein tüchtiger Psychiater kann uns lehren, unsere Nöte, unser Versagen, unsere verschiedenen Komplexe zu sehen. Aber nachdem wir alles erkannt haben, was dann?

Was machen wir zum Beispiel mit unserer Schuld?

Jesus sagt: »Lernet von mir, so werdet ihr Ruhe finden für eure Seelen. Denn mein Joch ist sanft, und meine Last ist leicht.«

Wir brauchen ein gesundes Selbstwertgefühl

Für mich wenigstens ist der Weg durch diese Worte Jesu klar geworden. Wenn ich mich selbst besser kennenlernen will, um meine Fehler und Schwächen, aber auch meine guten Seiten richtiger einschätzen zu können, und gleichzeitig offen bin, von Jesus zu lernen, dann beginnt eine schöpferische Wechselwirkung. Ich mag jeden Tag über das, was ich über mich selbst erfahre, erschrecken; aber der Schock wird gemildert durch die vermehrte Erkenntnis des einen, der mich schuf und erlöste.

Er räumte mir sogar eine schöpferische Selbstliebe ein, als er sagte: »Liebe deinen Nächsten wie dich selbst« — ich kann durchaus erwarten, nicht nur zur Selbstannahme zu finden, sondern zu einer ehrlichen Selbstachtung, zu einem gesunden Selbstwertgefühl.

Und noch einmal: Was meinte Oswald Chambers, als er schrieb: »Mach die Erlösung zur Basis deines ganzen Lebens, und dann laß dich entschlossen los«? Und was meine ich, wenn ich ein Buch schreibe mit dem Titel: »Laß dich los«? Nur dies: Wenn wir all die Ängste und die Selbstanalyse und die geistige und seelische Selbstkasteiung, die uns weltliche und religiöse Schriftsteller seit Jahren nahelegen, beiseite schieben, wenn wir unser ganzes Tun auf den Boden der alles überdeckenden, auslöschenden Vergebung Gottes in Christus Jesus stellen, dann können wir etwas von dem erfahren, was Jesus meinte, als er sagte, daß sein Joch leicht und seine Last sanft sei. Es kommt nicht darauf an, was wir in der Tiefe unseres Inneren finden; dafür gibt es Hilfe. Man lernt Jesus Christus nicht kennen, ohne daß man etwas von seiner Kraft erfährt und von seinem Willen, zu vergeben und auszulöschen. Erlösung finden wir im Herzen Gottes; ihn hat uns Jesus geoffenbart.

»Kommt her zu mir alle, die ihr mühselig und beladen seid, ich will euch erquicken.«

Die Last auf unserem Rücken

Ist Ihnen jemals bewußt geworden, daß Jesus in diesem bekannten und vielzitierten Satz aus dem Matthäus-Evangelium nichts erwähnt von all dem Bösen und dem Irrtum und der Sünde in uns? Er erwähnt nur die Folgen der Sünde: die Müdigkeit und die Last auf unserem Rücken. Wir dagegen haben all die Jahre hindurch die häßliche menschliche Natur überbetont und dadurch so viele zurückgestoßen. In Wirklichkeit sind uns selten unsere Sünden so bewußt wie ihre niederdrückenden und belastenden Folgen. Die menschliche Natur ist in ihrer Hilflosigkeit, ihrer Sünde, ihrer bewußten Selbstsucht wirklich häßlich. Man braucht nur Nachrichtensendungen zu hören, um das zu wissen. Da geht es um Krieg, Terrorismus, Vergeltung, Entführung, Entrechtung. Doch das ist nur die Spitze eines Eisbergs. Was in Heimen, Gefängnissen, exklusiven Wohnbereichen und Slums täglich terrorisiert, seelisch gefoltert, getötet wird — wer soll dies alles überhaupt nur zur Kenntnis nehmen? Menschliches Wesen in Aktion — ohne die erlösende Berührung mit dem einen, der sterbend der sündigen Welt seine Arme hinstreckte.

Aber Jesus war und ist Realist. Er kannte die menschliche Natur gut genug, um zu wissen, daß unser Joch schwer, unsere Last erdrückend sein würde, wenn wir uns selbst überlassen blieben. Denjenigen unter uns, die tapfer versucht haben, das Leben als Erwachsene ohne eine Berührung mit Christus zu leben, ohne die befreiende Macht seiner Erlösung, braucht nicht gesagt zu werden, daß es ein einziger Kampf ist. Vor allem denen nicht, die gegen den Strom schwimmen. Dagegen fällt es den christlichen Mitläufern, den Beschützten, denen, die dem scharfen Wind nicht ausgesetzt sind, den Selbstgerechten unter uns schwer, ihre Bedürftigkeit zu erkennen. Aber früher oder später versetzt uns das Leben einen Schlag, der uns schwanken läßt, und dann entdecken wir, daß wir allein nicht standhalten können.

Jesus kennt uns durch und durch. Angesichts unserer Selbsttäuschung, selbst bei der — wie wir meinen — aufrichtigen Aussage »Ich habe das doch nicht gewollt, o Gott!« weiß er genau, wann wir es doch so gewollt haben. Er weiß es — ist das nicht eine Erleichterung? Und Jesus kennt auch sich selbst. Bedenken Sie, er sagt: »Kommt her zu mir«! Er sagt nicht »Kommt in die Kirche«, obwohl er auch da zu finden ist. Er sagte nicht »Kommt zur Bibel«, obwohl er auch dort ist. Er sagte nicht »Schaut doch, wie hilflos sündig und böse ihr seid. Ihr kommt bestimmt an ein böses Ende, wenn ihr auf eigene Faust weitermacht!« Er war Realist — was uns angeht und was ihn selbst angeht. Menschen, die durch Bedrohung oder Scham in religiöse Erfahrung getrieben worden sind, haben Gott vielleicht nicht als den entdeckt, der er ist, obwohl er seine Hand auch auf das verstörte menschliche Herz legen wird.

Wo Selbsterkenntnis hoffen darf

Jesus Christus ist der Magnet — der einzige Magnet — der das menschliche Herz, wie es nun einmal ist, wirklich anzieht. Deshalb konnte er sagen: »Wenn ich erhöht sein werde, will ich sie alle zu mir ziehen.«

Je älter ich werde, desto klarer sehe ich, daß es nur einen Ort gibt, wo ich Selbsterkenntnis ertragen kann: die heilende, ermutigende, vergebende Gegenwart Jesu Christi. Hier kann ich mich ertragen. Denn wo er ist, da ist Hoffnung. Mehr als Hoffnung — Sicherheit. Und er hat gesagt, daß er uns niemals »verlassen noch versäumen« wird; daß er immer und überall bei uns ist.

Aber wie kann ich mich jemals selbst erkennen, selbst in der gewißmachenden Gegenwart Jesu Christi, wenn ich mich selbst loslassen soll?

Es handelt sich um eine Transaktion: Zu allererst stellen wir uns, unser ganzes Sein, auf den sicheren Boden der Erlösung, und dann lassen wir unser Selbst in die Hände Gottes hinein los.

Natürlich sind wir weiterhin selbstsüchtig; aber wir sehen jetzt einen Weg, davon loszukommen.

Natürlich werden wir hin und wieder im Sumpf des Selbstmitleids versinken; aber wir wissen jetzt, daß sich uns eine rettende Hand entgegenstreckt.

Natürlich werden wir enttäuscht. Natürlich versagen wir. Natürlich enttäuschen wir die, die »unser Bestes« erwarten. Aber wenn der Akt unserer Befreiung auf so sicherem Grund erfolgt ist — auf dem Grund seiner erlösenden Liebe —, dann wird uns schließlich aufgehen, daß wir allzu viel geklagt haben über das, was sich in unserer Vergangenheit abgespielt hat, und über das, was unsere Zukunft zu verdunkeln scheint. Wir werden mehr Freiheit von uns selbst erlangen, wenn wir beten; ausgeglichener bei unserer Arbeit sein und in unseren Gesprächen — selbst bei politischen und religiösen. Wir werden es besser verstehen, unser Herz in dieser erlösenden Liebe zu bergen, wenn Krankheit oder Tod eintreten, wenn eine einschneidende Veränderung bevorsteht. Unsere Maßstäbe können und werden sich ändern durch die gleiche erlösende Liebe, wenn wir unser Leben darauf verlagert haben und dabei — je länger je mehr — uns selbst loslassen.

Uns selbst loslassen, wenn wir feststellen, daß wir in einer bestimmten Situation versucht sind, egoistische, unser Selbst schützende Maßnahmen zu entwickeln. Dann können wir entscheiden: Wir haben Zugang zu dem Kräftepotential, das uns richtig entscheiden hilft und woraufhin dann zusammen mit Gott, dem Allmächtigen, wir tatsächlich das Beste aus der Situation machen. Sie mögen soviel analytische Bücher lesen, wie Sie wollen. Sie mögen sich eingehend mit allen Phasen und Stufen ihres Lebens, den Wegen und Irrwegen beschäftigt haben — einmal müssen wir bereit sein, uns einer Welt zu stellen, die immer hart, unfair und belastet gewesen ist, und dies ist möglich, sobald wir uns die Gegenwart des Erlösers, Jesu Christi, bewußt machen. Er ist mitten in unserer Freude und tiefem Glück, in Verwirrung und Kummer. Es kann zerstörerisch wirken, wenn wir beständig über Büchern brüten, die unsere offensichtlichen Fehler aufzählen. Es kann ein Trauma werden, wenn man beständig von der Midlife crisis oder über drohenden Krebs oder den Rententod liest, wobei keineswegs sicher ist, daß man selbst davon betroffen wird. Sich selbst und die eigene Situation richtig einschätzen, ist gewiß gut. Aber Jesus fordert uns auf, *ihn* kennenzulernen, und gleichzeitig versichert er uns — weil er ist, der er ist —, daß er uns kennt und uns niemals in eine Richtung führen oder gar treiben wird, die irgendein zukünftiges Ereignis schwieriger gestalten oder einen geschehenen Fehler noch schlimmer machen wird.

Die Falle

Wer kennt nicht dunkle, wirre Zeiten, in denen man manchmal sogar in der Gegenwart Christi stumpf und leer ist. Man ist unglücklich; bei der abendlichen Rückschau, kurz vor dem Einschlafen, sagt man:

»Herr, ich habe nicht genug Zeit für dich. Ich lebe diese Strecke meines Lebens für mich. Ich mühe mich zu sehr ab, meine eigenen Probleme zu lösen. Es muß anders werden. Es ... muß ... anders ... werden ...«.

Und am nächsten Morgen wacht man auf und stürzt sich in eine bestimmte Arbeit, wickelt sein Programm ab — und fährt so fort, sein eigener Herr zu sein.

Nein, da ist kein Zweifel an Gott, auch keine Rebellion. Gott gehört weiterhin zu meinem Leben. Nur habe ich die Führung darin wieder übernommen.

Solche Situationen sind eine versteckte Falle, auch für Menschen, die eine gültige Hingabe an Christus vollzogen haben; auch für Menschen, die mit seiner ewigen Liebe rechnen. Wir schenken ihm während solcher Zeiten einfach nicht die Aufmerksamkeit, die ihm gebührt. Doch mir wird nach einer Weile bewußt, daß ich ihn vermisse. Und dann finde ich mich — und ihn — in dem Evangelium des Johannes neben meiner Schreibmaschine wieder. Oder ich lege die Arbeit, die ich gerade tue, beiseite, schaue aus dem Fenster und denke: Du bist noch immer bei mir, nicht wahr? Ja. Er ist noch immer da. Und in neun von zehn Fällen ist es am Ende solcher Zeiten der eigenen Regie so, daß ich schwere Lasten von meinen Schultern fallen spüre, von denen ich gar nichts gemerkt hatte. Heimtückisch — so heimtückisch sind diese Zeiten des offenbaren »Selbermachens«, des Lebens aus eigener Kraft.

Besonders in solchen Zeiten kommen mir Überlegungen, was wohl in meinem Alter aus mir wird. Aber hat er nicht selbst gesagt, daß er mich tragen würde »bis ins Alter und bis ihr grau werdet«? Dann wird mir wieder bewußt, daß ich bereits völlig grau bin. Muß ich mich also nicht darauf vorbereiten? Gott scheint gegen die häßlichen Bedingungen in manchen unserer Pflegeheime offenbar nichts zu tun. Und schon verfalle ich unter dem Vorwand »allgemeine gesellschaftliche Probleme« von neuem der Selbstbetrachtung. Vielleicht dem Selbstmitleid. Der Angst. Mir selbst. Wenn ich dann wieder in bewußtem Kontakt mit Jesus lebe, erscheint mir eine solche Selbstbetrachtung als unnötige Plage.

Kann man sich also in Kummer und Sorge loslassen? Ja. Ich habe es versucht, und es ist möglich. Hört damit das Leid auf? Nein. Aber es nimmt dann seinen normalen Verlauf, reibt uns nicht mehr so sehr auf und läßt uns nicht in den Gesprächen mit Freunden nach Beachtung schreien.

Annes Brief

Uns selbst loslassen in unserer eigenen Krankheit — das ist vielleicht am schwierigsten.

Ich kenne Menschen, die darin Erfahrung haben, die überwunden haben, wo ich es nicht geglaubt hätte, selbst als ich den Ablauf ihrer Krankheit vor mir sah. Ich habe einen Brief aufgehoben, den mir eine Hausfrau und Mutter schrieb, deren Glaube und

Freude in Jesus mich ehrfürchtig machen. Sie heißt Anne, und sie lebt mit ihrem Mann Leonhard und ihren Kindern in einer kleinen Stadt in Illinois. Anne ist noch nicht alt. Sie kann kaum mehr als Vierzig sein. Ich habe im Laufe der Zeit beobachtet, daß Gott für Anne und Leonhard Wunder geschehen ließ. Von beiden habe ich den Eindruck, daß sie in Krisen stark sind. Aber jener Brief erhöhte meinen geistlichen Horizont so sehr, daß mir schwindelig wurde.

Auf den ersten vier Seiten — er ist ziemlich lang — erzählt sie mir von den Kindern: über das verirrte Kätzchen, das einer der Jungen gerettet hat, über einen Familienausflug, den man plante, um die siebzehnjährige Jane zu besuchen, die jetzt in Colorado lebt und arbeitet usw.

Von der Stelle an möchte ich Annes Brief wörtlich wiedergeben.

»Und dann bereiten Len (= Leonhard) und ich die Kinder, so gut wir können, auf einen anderen Ausflug vor, den ich bald machen werde. Genie, ich gehe nach Hause, um bei meinem Herrn zu sein. Ich habe zwei verschiedene, fortgeschrittene Lebererkrankungen — seit 1973. Die eine, eine Leberzirrhose, hat nun ihr Endstadium erreicht. Ein liebenswertes christliches Paar aus Elmhurst hat unserem Wunsch entsprochen und sieht es als Gottes Willen für sich an, für unsere lieben Kinder zu sorgen und sie, wenn es soweit ist, weiterzuerziehen. Wir haben die nötigen Papiere dazu letzte Woche in unserem Anwaltbüro unterschrieben.

Ich bin beruhigt. Schließlich sind die Wege unseres Herrn die besten, und sein Wille ist vollkommen! Ob er es nun für richtig hält, mich langsam zu sich zu nehmen oder sehr schnell durch eine unvorhergesehene Blutung — ich weiß es nicht. Aber ich weiß, daß ich willig bin, anzunehmen, was er für das Beste hält. Und so nehme ich seine Entscheidung, mich nach Hause zu holen, völlig an. Wenn sein Wille mein Wille hätte sein können, hätte ich lieber erst meine Kinder fertig erzogen und wäre erst dann nach Len heimgegangen. Aber ich fürchte mich nicht und bin nicht bitter oder besorgt. Ich habe Frieden, und meine Seele kennt keine Auflehnung.

Das Leben ist für den Christen so voll von Staunenswertem und Überraschungen! Nur Gott kann schmutzige Schüsseln, ein unordentliches Haus und Stapel von schmutziger Wäsche in den Himmel einer Mutter verwandeln! Nur ihm ist es möglich, den Schreckensschrei einer Mutter über einen Frosch, der wohlbedacht von kleinen Fingern in eine Tasche geschmuggelt wurde, in ein befreiendes Lachen ausklingen zu lassen. Es ist nur Gott, der das Haushaltsgeld so in die Länge dehnen kann, daß es alle unsere Bedürfnisse befriedigt. So könnte ich unentwegt fortfahren mit dem, was nur er tun kann, weil für eine Frau und Mutter bei Gott die einzige Lösung für alle Dinge liegt — für jedes winzige Detail.

Der Schulbus ist gerade vorgefahren — so muß ich schließen, um einen Imbiß vorzubereiten. Man möchte schwören, daß die Kinder tagelang nichts gegessen haben, wenn sie hereinkommen! 'Hallo, Mutti, gibt's was zu essen?' So schreien alle drei, während sie auf dem Schreibtisch alles auf einen Haufen schieben. Plötzlich bin ich mitten in ihrer Welt — wir reden alle zur gleichen Zeit.«

Wie ist es da mit dem Sich-loslassen?

Anne schloß ihren Brief, indem sie mir mitteilte, daß nur ein paar der nächsten Freunde etwas Genaueres über ihren bevorstehenden Tod wisse. »Warum soll man sie belasten?« — Und dann folgte noch eine fröhliche Beschreibung des schönsten Weihnachtsfestes, das sie jemals hatte — nachdem Anne gerade aus dem Krankenhaus gekommen war.

Ich kenne Anne genug, um zu wissen, daß sie, die ihren Mann und ihre Kinder liebt, niemals so handeln könnte, in ihrem Umständen niemals noch schöpferisch leben könnte, wenn die Gnade Gottes sie nicht Minute um Minute begleitete, die Gnade des Herrn, den sie mit einem kindlichen Herzen liebt. Mit jener Art von kindlicher Liebe, die sie befähigt, eine große und starke Frau zu sein angesichts des Schlimmsten, das ihr und ihrer kleinen Familie begegnen kann.

Gnade

Mein eigener Kopf wirbelt, während ich dies schreibe. Ich fühle mich fast selber krank von der Identifikation mit Anne und Leonhard. Und doch — sie sind es, denen das begegnet, und nicht ich — und darum sind sie auch, in jeder Minute, die Empfänger der Gnade, die Sinn aus Unsinn machen kann, Freude aus der Auflehnung.

Nicht jeder hat diese überströmende Gnade jederzeit nötig. Gott gibt seine Gnade nicht, bevor wir sie nötig haben. Sonst würden wir, wie wir Menschen nun einmal sind —, von diesem Vorrat an Gnade leben, anstatt von dem Einen abhängig zu sein, der »voller Gnade und Wahrheit ist«.

Aber wenn jemand Sie verletzt oder Ihr Herz gebrochen hat, wenn jemand, den Sie liebten, gerade gestorben ist, wenn man Ihnen gerade gesagt hat, daß Sie nur noch sechs Monate zu leben haben — dann ist alle Gnade, die Sie brauchen, da und wartet nur darauf, daß Sie sie in Anspruch nehmen.

Solange wir uns nach innen ziehen lassen, unsere Hände in Verzweiflung und Selbstbetrachtung ringen, haben wir keine Hand frei, um sie nach Gottes Gnade auszustrecken. Wenn wir uns selbst loslassen wollen, müssen wir — wir *müssen* es einfach — eine Hand frei halten, um das zu empfangen, was er uns geben will. Er allein weiß, was wir brauchen. (Und die andere, um uns an ihm festzuhalten.)

Die täglichen Verdrießlichkeiten halten uns meistens so fest; aber es gibt keine Möglichkeit, uns für die großen Dinge vorzubereiten, wenn wir nicht lernen, uns in den geringeren loszulassen. Klagen — einerlei, wie unbedeutend sie sein mögen — sind egozentrisch.

Als Kinder Gottes, als lebendige Reben am lebendigen Weinstock, können wir Selbstachtung, ein natürliches Selbstwertgefühl, haben. Zu viel Selbst*be*achtung mindert die Selbstachtung, weil sie das Wachstum hemmt. Auch das zu starke Beachten unseres geistlichen Zustandes kann uns blockieren. Was unsere Aufmerksamkeit fesselt, fesselt uns. »Kommt her zu mir«, sagt Jesus. Wenn mein Blick an ihm hängt, bin ich frei — zu arbeiten, zu ruhen, zu wachsen.

Wenn unsere volle Aufmerksamkeit auf Gott gerichtet ist, denken wir gar nicht daran, uns über uns selbst Sorge zu machen. Warum? Weil alle, die von ihm lernen — die wirklich entdecken, wie Christus ist — ohne Zweifel erkennen werden, daß die intensiv auf uns selbst gerichtete Aufmerksamkeit einfach nicht notwendig ist. Wenn wir ihn kennen, wissen wir, daß seine Aufmerksamkeit in jeder Minute voll auf einem jeden von uns ruht.

Deshalb: »Mache die Erlösung zur Basis deines ganzen Lebens, und dann laß dich entschlossen los« — in Frieden.

Von der gleichen Verfasserin:

Gott kommt uns immer entgegen

120 Seiten, R. Brockhaus Taschenbuch Bd. 214

Der Verfasserin geht es um Liebe, die Freiheit schenkt und Verantwortung trägt, die verzichten kann, ohne zu blutarmer Nächstenliebe zu erstarren. Solche Liebe muß gelernt werden.

Die Last ist leicht

128 Seiten, R. Brockhaus Taschenbuch Bd. 233

»Die ganze Fröhlichkeit des Christen schwingt in dieser Autobiographie mit. Daß Eugenia Price ihren Weg zu und mit Jesus so nüchtern und humorvoll erzählt, wird vielen auf diesem Weg helfen.«

Bayreuther Gemeindeblatt

Fragen erlaubt

112 Seiten, R. Brockhaus Taschenbuch Bd. 252

Die Autorin wendet sich gegen Patentantworten, mit denen leidende Menschen oft getröstet werden. Anhand von vielen praktischen Beispielen zeigt sie, wie der Glaube an Christus Menschen helfen kann, leidvolle Erfahrungen zu einer Bereicherung werden zu lassen.

R. BROCKHAUS VERLAG WUPPERTAL

Mit neuen Augen

Entdeckungen und Erfahrungen im Leben mit Gott

112 Seiten, Paperback, ABCteam Bd. 201

E. Price ist Schriftstellerin und Redakteurin bei Rundfunk und Fernsehen mit eigenen Programmen. Nach dreiunddreißig Jahren, in denen sie nur sich selbst gelebt hat, verändert sich ihr Leben von Grund auf. Sie bekommt einen ganz neuen Blick für ihre Umwelt und beginnt zu staunen: Warum leben die Leute ihr unfreies, armseliges, glückloses Leben weiter, wenn sie es doch anders haben können? Was sie entdeckt, ist für sie selbst so überwältigend, daß sie den Leser einlädt, das Neue selbst zu versuchen. Sie zeigt ihm einen neuen Standort mit weiter Sicht und auch den Weg dahin, macht auf Unebenheiten und Stolpersteine aufmerksam und auf die Leitlinien, die die notwendige Sicherheit geben.

ONCKEN VERLAG WUPPERTAL UND KASSEL

André Bustanoby

Kleine Persönlichkeitsschule

Wie wir das Beste aus unseren Eigenschaften machen können

128 Seiten, Paperback, ABCteam Bd. 219

Wären Sie gern anders? Ecken Sie häufig bei Ihren Mitmenschen an, ohne zu wissen, warum eigentlich? — Änderung ist möglich für jeden, der bereit ist, an sich zu arbeiten und auch Hilfe von anderen in Anspruch zu nehmen.

Eileen Guder

Typisch Frau?

Eine Frau betrachtet ihre Welt

144 Seiten, Paperback, ABCteam Bd. 60

Wenn die Männer so klug wären, wie sie gelegentlich von sich glauben, würden sie sich ein Exemplar dieses Buches kaufen, erbetteln oder vom Nachttisch ihrer Frau stehlen, um auf diese Weise mehr über die Träume und Ängste, die Hoffnungen und den Glauben ihrer Mütter, Töchter und Frauen zu erfahren. Weil jedoch der männliche Stolz dieses Verfahren nicht zulassen wird, werden die Frauen dieses Buch lesen und die daraus gewonnenen Erkenntnisse in täglich fein dosierten Mengen auf ihre Männer, Kollegen und Chefs anwenden.

Elisabeth Skoglund

Ich wage, ich zu sein

80 Seiten, Paperback, ABCteam Bd. 199

Ein Buch zu dem Thema: Wer ist die Frau?

- Wie reagiert die Gesellschaft auf eine Frau, die wagt, Frau zu sein?
- Wie schafft es eine Frau, neben den Kindern Karriere zu machen?
- Welche Stellung soll die Frau in der Gemeinde haben?
- Kann es das geben: eine gute Freundschaft — nicht Liebschaft — zwischen einer unverheirateten Frau und einem verheirateten Mann?
- Was sagt die Bibel zur Scheidung?

Dies sind nur einige der Themen und Lebensfragen, die die erfahrene Psychologin behandelt. Sie versucht, praktische Lösungen zu den Problemen der Frau in der heutigen Zeit aufzuzeigen, die mit den biblischen Richtlinien übereinstimmen.